Laien-Gottesdienste

Vorbereitung – Durchführung – Erfahrungen

Herausgegeben von Gisela Freiesleben,
Marianne Fricke, Gudrun Janz, Helga Rang,
Silke Strube, Norbert Bengsch, Andreas Berndt,
Hans W. Schünemann und Karl-Alfred Werner

Mit einer Einleitung von Peter Hennig

Gütersloher Verlagshaus

Die Deutsche Bibliothek – CIP-Einheitsaufnahme

Laien-Gottesdienste: Vorbereitung – Durchführung – Erfahrungen / hrsg. von Gisela Freiesleben ... Mit einer Einl. von Peter Hennig. – Gütersloh: Gütersloher Verl.-Haus, 2001
ISBN 3-579-03199-6

Dieses Werk folgt der reformierten Rechtschreibung und Zeichensetzung. Ausnahmen bilden Texte, bei denen künstlerische, philologische oder lizenzrechtliche Gründe einer Änderung entgegenstehen.

Umwelthinweis:
Dieses Buch wurde auf chlorfrei gebleichtem und alterungsbeständigem Papier gedruckt. Die vor Verschmutzung schützende Einschrumpffolie ist aus umweltschonender und recyclingfähiger PE-Folie.

ISBN 3-579-03199-6

Umschlag: Sybille in der Schmitten, Meerbusch
Satz: Weserdruckerei Rolf Oesselmann GmbH, Stolzenau
Druck und Bindung: Těšínská Tiskárna AG, Český Těšín
Printed in Czech Republic

Homepage: http://www.gtvh.de

Inhalt

Vorwort

Die nachfolgenden Gottesdienste sind Gottesdienste von engagierten Laien. Wir möchten die Erfahrungen, die wir als »Goslarer Montagsliturgen« machen durften, hiermit in ausgearbeiteter Form an viele andere Gemeinden, an Laien und Hauptamtliche, zur Anregung weitergeben.

»Goslarer Montagsliturgen«? Nie gehört! Deshalb wollen wir uns vorstellen. Wir sind eine Gruppe von LektorInnen und PrädikantInnen aus der Propstei Goslar, die schon seit Jahren von der Frage beunruhigt werden: »Warum immer nach Agende I?« Auch nach dem Erscheinen des neuen Gottesdienstbuches hat uns diese Frage nicht losgelassen. Wir fürchten nämlich, dass wir viele unserer Gottesdienstbesucher mit unseren Texten, Liedern und Predigten nicht erreichen. Und noch weniger ziehen wir die an, die schon längere Zeit eine Kirche nur von außen gesehen haben. Nun ist das ja keine neue Erkenntnis. Nur haben wir – allesamt in dem spannungsvollen Spagat zwischen Kirche und Beruf stehend – daraus den Schluss gezogen, wir sollten *gemeinsam* versuchen, daran etwas zu ändern.

Die Bezeichnung »Montagsliturgen« ist aus einer Laune zufällig entstanden. Aber der Zufall ergibt doch Sinn: Denn nicht nur vom Sonntag her gesehen und für den Sonntag wollten wir unsere Gottesdienste gestalten, sondern auch vom Montag, vom Dienstag ... – kurz: vom Alltag her und für den Alltag. Aus der Vorbereitung einzelner Gottesdienste, nicht mehr als zwei pro Jahr, ergab sich bei einigen von uns das Bedürfnis, sich öfter zu treffen. Und so haben wir uns mit wechselnder Beteiligung eine Zeit lang an einem Montag im Monat getroffen, haben gemeinsam die Texte für den nächsten Sonntag gelesen, über sie nachgedacht, Lieder ausgesucht und sie gesungen, liturgische Abläufe ersonnen und gemeinsam gebetet.

Nicht alle MitarbeiterInnen der ersten Versuche – zunächst etwa zehn – sind dabeigeblieben. Wir haben anerkennen müssen, dass einigen die Zusammenarbeit in der Gruppe weniger liegt als anderen. Hiervon abgesehen aber haben wir festgestellt, dass jeder und jede in einen solchen Prozess wertvolle Gaben einzubringen hat und dass diese Gaben sich gerade im Miteinander und Gegeneinander klären und entfalten. Dass es gelegentlich auch einmal heiß herging, wird niemanden überraschen, dem es mit der Verkündigung unseres Glaubens Ernst ist. Aber wir haben nicht den Versuch gemacht, unterschiedliche Glaubensüberzeugungen oder Frömmigkeitsstile um jeden Preis zu einer Einheitssoße zu verrühren. Solange die Grundaussagen unseres Glaubens nicht infrage gestellt sind, scheint uns eine breite Palette von Äußerungsformen berechtigt, ja sogar wünschenswert.

Bei der Gestaltung der Gottesdienste und Andachten – zum Teil »Auftragsarbeiten« für Synoden, zum Teil den Gemeinden angeboten – haben wir nach Formen gesucht, die den Gottesdienst beleben. Vorschläge hierzu liegen in vielen anregenden Büchern bereit (vgl. Anhang). Deshalb ist, was dabei herausgekommen ist, auch keineswegs revolutionär. Kirche braucht auch nicht unbedingt Revolutionen. Aber sie braucht Bewegung, sie sollte unterwegs sein.

Seit einigen Monaten haben wir nun das neue Gottesdienstbuch zur Verfügung. Es stellt unsere Füße auf einen weiteren Raum, als die Agende I es erlaubte. Dennoch legen wir unsere Gottesdienste, ermutigt durch viele freundliche Reaktionen aus den Gemeinden, hier vor. Wir haben sie nicht in der zeitlichen Reihenfolge geordnet, in der wir sie gefeiert haben, sondern locker am Jahreskreis orientiert. Da es – traurig genug – keinen Sonntag gibt, der die Themen Schöpfung und Trennung/Scheidung ausdrücklich in den Mittelpunkt stellt, haben wir die Andachten hierzu ans Ende gestellt. Eine Aussage über die Bedeutung dieser Themen für unser Leben ist damit nicht beabsichtigt. Vielmehr erschiene es uns nötig, die bestehenden Leseordnungen dahin zu überarbeiten, dass – wie dem Jerusalemsonntag oder dem Reformationstag – einigen Sonntagen im Jahr Lebensthemen zugeordnet werden. Das würde auch dem Vorwurf entgegenwirken, dass die Kirche immerzu Antworten auf Fragen zu geben versucht, die kaum jemand stellt.

Als AdressatInnen unserer Entwürfe hatten wir uns zunächst ausschließlich LektorInnen und PrädikantInnen vorgestellt. Inzwischen wagen wir aber die Behauptung, dass es kein Fehler wäre, wenn auch PfarrerInnen hineinschauten. Denn wir haben den Eindruck gewonnen, dass der eine oder die andere von ihnen noch weniger Mut zu neuen Wegen hat als wir Laien.

Wenn wir unsere Versuche anderen LektorInnen vorstellten, wurde uns gelegentlich gesagt: »Aber so kann man es doch nicht immer machen!« Soll man auch gar nicht! Einmal im Vierteljahr wäre schon schön. Im Übrigen werden der Leser und die Leserin gebeten, sich einfach anregen zu lassen, auch einmal ein paar Schritte außerhalb der ausgetretenen liturgischen Pfade zu wagen, sich mit dem Textmarker oder Scanner das zu sichern, was ihnen gefällt, die Gottesdienstentwürfe einfach als Steinbruch für ihre eigene Arbeit zu nehmen. Für Kritik (und natürlich auch Ermutigung) sind wir dankbar; wir wollen nämlich weitermachen. Deshalb drucken wir am Ende unsere Namen, Anschriften und Telefonnummern ab.

Auch wenn uns heute nicht mehr jede Einzelheit der Entwürfe gefällt (wie z.B. die Länge des Reformationsgottesdienstes), haben wir sie doch im Wesentlichen so stehen lassen, wie wir die Gottesdienste gefeiert haben. Denn sie haben uns Freude gemacht.

Hans W. Schünemann

Einleitung: Zur Rolle der Laien – gestern und heute

I Vorsicht: Grenzbereich! Fünf Fragen, die aus dialogisch orientierten Gottesdiensten von Laien erwachsen

Wer einen Gottesdienst (mit-)gestaltet, betritt einen Grenzbereich – einen Bereich zwischen Diesseits und Jenseits, heilig und profan. Wer einen Gottesdienst »hält«, begibt sich in die Gefahr, die Balance zwischen ritualisiertem Verhalten und Steifheit, gehobener Sprache und Unverständlichkeit, kunstvoller Gestaltung und kitschiger Banalität zu verlieren.

Wer einen Gottesdienst (mit-)feiert, versucht mit Stimme und Körper, Worten und Liedern, Stille und Bewegung einen Raum für Gott zu schaffen bzw. zu ermöglichen, dass alle Anwesenden sich für Gott öffnen (können).

Der Aufenthalt im Grenzbereich erfordert einen wachen Blick und sichere Orientierung. Wer das Gelände falsch einschätzt, gerät in die Irre; wer sich zu sicher wähnt, wird unvorsichtig. Um einen »guten« Gottesdienst zu gestalten, muss man die richtige Balance zwischen Aktivität und Passivität, Emotionalität und Rationalität, Für-sich-Sein und Miteinander-Sein finden. Einen »guten« Gottesdienst macht aus, dass sich in der richtigen Mischung von Vertrautem und Neuem alle für die Zu-Sage öffnen können: Siehe, ich mache alles neu – und beginne hier und jetzt bei dir!

Der vorliegende Band enthält Gottesdienste, die eine Gruppe von LektorInnen zu unterschiedlichen Themen und Anlässen ausgearbeitet hat. Seit 1994 haben die »Goslarer Montagsliturgen« kontinuierlich zusammengearbeitet. Dabei sind Gottesdienste zu unterschiedlichen Themen und den wichtigen Festen des Kirchenjahres entstanden. Dass die gemeinsame Arbeit – und Auseinandersetzung – für alle einen Gewinn an theologischer Klarheit, liturgischer Kompetenz und persönlicher Vergewisserung gebracht hat, zeigen die Entwürfe. Die »Goslarer Montagsliturgen« haben Gottesdienste gestaltet, die außerhalb der ausgetretenen liturgischen Pfade eine Brücke zum Alltag schlagen. Die Gottesdienste sollen bewegen, weil die Kirche Bewegung braucht, Bewegung ist. Was zeichnet diese Gottesdienste aus?

Erstens: Die »Montagsliturgen« beziehen den individuellen Glauben immer wieder auf die Gemeinde. Hier gibt es Trost und Hilfe, hier kann jeder mitmachen: »Keiner geht leer aus! – Keiner ist überflüssig! – Keiner ist allein!« Wie arm-selig die Gemeinden oft sind, wissen die PrädikantInnen und LektorInnen aus eigener Erfahrung. Eine Hand voll Gottesdienstbesucherinnen in den kleinen Dörfern lässt keinen kirchlichen Triumphalismus aufkommen. Und dennoch: Das Evangelium sprengt die Grenzen persönlicher Frömmigkeit, immer wieder durchbricht es den Zirkel persönlicher Selbstbezogenheit.

Ob Ehrenamtliche – weil sie nicht an der verengten Binnensicht hauptamtlicher Funktionäre leiden – manchmal deutlicher spüren, dass der nur individuell gelebte Glaube leicht versickert? Ob Ehrenamtliche – jenseits von kirchlicher Nabelschau und Endzeitstimmung – ein realistischeres – und hoffnungsvolleres – Bild von Kirche haben?

Zweitens: Die »Montagsliturgen« gefallen sich nicht in allgemeinen, abstrakten Appellen. Sie buchstabieren die Bewährung des Glaubens im Alltag an konkreten Beispielen. So berichtet ein Schulleiter über ein Hilfsprojekt zu Gunsten bedrohter Kinder im Kosovo. Individuelle und gesellschaftliche Aspekte von Not werden in den Blick genommen, konkrete Schritte der Hilfe regen die Aktivität und Fantasie an.

Ob Ehrenamtliche wegen ihrer vielfältigen Berufs- und Lebenserfahrungen ein differenzierteres Bild unserer Wirklichkeit haben als manche Hauptamtlichen? Ob sie eher wahrnehmen, wenn Aussagen und Appelle sich zu abstrakten Höhenflügen aufschwingen?

Drittens: Kirchliche Amtsträger und Strukturen werden mit milder Ironie durchaus kritisch gesehen. Freilich auf der Grundlage gemeinsamer Solidarität. Gerade diese Passagen lassen eine muntere Leichtigkeit erkennen; der freche, aber niemals abwertende Umgang mit menschlichen Schwächen in der Kirche erfreut und entkrampft.

Ob Hauptamtliche durch die Bedeutungsschwere der Tradition und die Last kirchlicher Aufgaben manchmal mehr als nötig niedergedrückt werden? Ob ihnen die gelöste Heiterkeit und humorvolle Leichtigkeit – zwei vernachlässigte Kinder des Glaubens – zuweilen schwerer fallen als vielen Ehrenamtlichen?

Viertens: Unbelasteter, als man es zuweilen bei Theologen erlebt, sind die Gottesdienstentwürfe in einem guten Sinn kirchlich. Sie wissen sich dem Grundanliegen – dem Evangelium – verpflichtet. Das wird nicht einfach dogmatisch behauptet, sondern mit den Fragen und Zweifeln gegenwärtiger Menschen ins Gespräch gebracht. Insofern sind die Gottesdienste – nicht nur in ihrer formalen Struktur der Dialogpredigten – »dialogisch«. Sie belehren nicht, sondern eröffnen ein inneres Gespräch mit (und in) den HörerInnen.

Ob das daran liegt, dass die Gottesdienste schon im Gespräch vorbereitet wurden, dass sie das Ergebnis von Auseinandersetzung und Konsensbildung sind und nicht die Frucht einsamer Denk- und Formulierungsbemühung?

Fünftens: Alle Gottesdienstentwürfe stehen in der Gefahr, zu viele Worte zu machen. Sie haben teil am protestantischen Trend, zu abstrakte, wort-haltige Gottesdienste zu entwerfen. Aber immer wieder steuern die »Montagsliturgen« dieser Gefahr durch ihr probates Gegenmittel entgegen: Durch dialogische Elemente, Bilder und Symbolhandlungen bringen sie eine andere Ebene ins Spiel. Die Fantasie wird genauso angesprochen wie die Rationalität. Die Gottesdienste enthalten Überraschungselemente; manchmal bekommt man sogar etwas in die Hand.

Ob Ehrenamtliche manchmal »hand-greiflicher« denken als Hauptamtliche? Ob sie besser gewappnet sind gegen die Gefahr, den Glauben als bloßes Überzeugungssystem zu fassen, gebildet durch ein (halbwegs) widerspruchsfreies System von Begriffen und Sätzen? Ob Ehrenamtliche besser wissen, dass eine gute Predigt kein Lehrsystem ist, sondern eine Einladung zum Leben?

II Vorsicht: Grenzgänger! Ein kurzer Abriss über die Geschichte des Lektorenamtes

Wer einen Gottesdienst hält, bewegt sich in einem Grenzbereich, ist mithin Grenzgänger[1].

Grenzgänger müssen bestimmte Qualifikationen und Fähigkeiten haben. Sie müssen reaktionsschnell und geländekundig, besonnen und entscheidungsfreudig, sensibel und selbstsicher sein.

In allen Religionen hat man es speziell ausgebildeten und berufenen Menschen – häufig Männern – vorbehalten, als Grenzgänger zwischen der Gottheit und der Welt, dem Heiligen und dem Profanen zu fungieren. Im Christentum hat sich seit der Antike ein eigener Priesterstand herausgebildet, durch besondere Ausbildung und Weihe aus der »Welt« ausgesondert. Damit einher ging häufig eine Zurückdrängung der Laien. LektorInnen sind in doppelter Hinsicht Grenzgänger. Indem sie Gottesdienste halten, »amtieren« sie im Bereich des Heiligen und sie tun das als Laien. LektorInnen und PrädikantInnen stehen in einer langen Geschichte der Auseinandersetzung und Zusammenarbeit von Laien und ordinierten bzw. geweihten Amtsträgern.

Die Bibel kennt Vorleser (Jos 24,25f; Neh 8,8; Lk 4,16-21; 1.Thess 5,26; Kol 4,16). In alttestamentlicher Zeit wurden Gesetze verlesen, Prophetentexte und apostolische Briefe in den christlichen Gemeinden. Die verschiedenen Gemeindeämter sind – zumindest nach paulinischem Verständnis (Röm 12,4ff) – nicht rechtlich und hierarchisch geordnet. Im lebendigen – wenn auch immer wieder konfliktträchtigen – Zusammenwirken der in der Taufe geschenkten Gnadengaben wird der »Leib Christi« erbaut. Die »Ordination« zu jedem Dienst ist die Taufe; Kriterium des Dienstes sind die Nachfolge Christi und der Aufbau der Gemeinde (1 Petr 4,10f).

Im zweiten Jahrhundert werden die Gemeinden durch Verfolgung und Irrlehren bedroht. Zur Abwehr werden die Ämter verstärkt und institutionalisiert. Ansätze einer »Ältestenverfassung« (Vorstufen schon im lukanischen Geschichtswerk) werden ausgebaut. An die Stelle der vielfältigen Dienste tritt das geistliche Amt des (Gemeinde-) »Bischofs« (Pastoralbriefe); an die Stelle der Mitgestaltung tritt die Einordnung der Gemeindeglieder. Die Ordination des Amtsträgers wird wichtig, tritt er doch der Gemeinde als Beauftragter Christi gegenüber (Eph 4,11f). Die Ausbildung der

Hierarchie ermöglicht der Kirche (neben der Kanon- und Bekenntnisbildung) das Überleben.

Die Lektoren behalten als Vorleser von Bibeltexten und Predigten weiterhin eine wichtige Funktion. Eine Kirchenordnung aus dem 3. Jahrhundert beschreibt die persönlichen Anforderungen: »Als Lektor soll bestellt werden, wer zuvor sorgfältig geprüft ist, kein Zungendrescher, kein Trunkenbold noch Spaßmacher, von gutem Charakter, brav, in den Sonntagsversammlungen zuerst zur Stelle, mit offenem Ohr, redefreudig, im Bewusstsein, dass er die Stelle eines Evangelisten versieht, denn wer den Unverständigen belehrt, wird von Gott ins Buch des Lebens eingetragen.«[2] Mit fortschreitender Klerikalisierung der Kirche erhalten die Lektoren die »niederen Weihen«, sie gehören nun zum »niederen Klerus«.

Im Mittelalter verschärft sich der Gegensatz von Klerus und Laien. Lektoren fungieren weiterhin als Vorleser, Laienpredigten aber werden zurückgedrängt. Die Gesetzgebung Karls des Großen (um 800) verpflichtet die Christen zum Besuch ihres Gemeindegottesdienstes; der Ortspfarrer erhält das Predigtrecht.

Im 12. Jahrhundert erblüht durch neue Orden (Franziskaner) und Laienbewegungen (Waldenser) die Laienpredigt neu. Die Kirche ist darum bemüht, »Ausuferungen« durch Beschränkung der Inhalte (theologische Fragen dürfen nicht berührt werden) oder Anlässe (nur die sittliche Ermahnung in der eigenen Gemeinschaft ist erlaubt) zurückzudrängen. Das IV. Laterankonzil (1215) droht allen, die ohne kirchliche Beauftragung predigen, die Exkommunikation an.

Martin Luthers Entdeckung der Rechtfertigung des Sünders »allein durch Glauben – aus Gnade« führt zur Betonung des Priestertums aller Gläubigen. Luther entwickelt seine Vorstellungen in Auseinandersetzung mit seinen Gegnern. Zwischen dem sakramental-hierarchischen Amtsverständnis des Papsttums und dem Subjektivismus der »Schwärmer« begründet er das Predigtamt funktional. Ausgang ist für Luther, dass durch die Taufe jeder Christ unmittelbar zu Gott ist: »Was aus der Taufe gekrochen ist, das mag sich rühmen, dass er schon Priester, Bischof und Papst geweihet sei.«[3] Darum soll »ein jeder, der sich als Christ fühlt, gewiss sein und über sich Bescheid wissen, dass wir alle Priester in gleich hohem Maße sind, d.h. in Bezug auf das Wort und jedes Sakrament die gleiche Vollmacht haben.«[4] Gegenüber subjektiver Willkür betont Luther freilich das besondere Amt; die Verkündigung soll öffentlich geordnet geschehen, niemand soll ohne Berufung ein Predigtamt übernehmen.

Bei Luther sind mehrere Linien verbunden. Seine Idealvorstellung – »Dass eine christliche Versammlung Recht und Macht habe, alle Lehre zu (be-)urteilen, Lehrer zu berufen, ein- und abzusetzen ...« (1523) – wird an der Realität gebrochen, dass die Landesfürsten zunehmend stärker in das »Kirchenregiment« einbezogen werden (müssen). Seit 1535 gewinnen Amt und Ordination eine stärkere Bedeutung: »Aus dem Priestertum aller wurde – das Pfarramt des einen.«[5]

Der Pietismus – grundlegend ist Speners Programmschrift von 1675 »Pia desideria oder Herzliches Verlangen nach gottgefälliger Besserung der wahren Evangelischen Kirchen« – fordert das Priestertum aller Gläubigen. Freilich werden die Laieninitiativen in vielen Territorien unterdrückt; die Obrigkeit befürchtet Unruhe und Aufruhr. Die Laienpredigt (durch Küster, Kantoren oder Lehrer) wird nur für den Notfall zugestanden.

Auch die Aufklärung hält an der zentralen Stellung des Pfarramtes fest. Das Preußische Allgemeine Landrecht von 1794 bindet Gottesdienst und Sakramentsverwaltung an die Geistlichen, die »mit den anderen Beamten im Staate gleiche Rechte«[6] haben. Seine (Beamten-) Rechte erhält der Pfarrer mit der Ordination. Eine freie Laienpredigt ist nicht vorgesehen.

Die aufkommende Industrialisierung erfordert neue Formen kirchlicher Arbeit. Johann Hinrich Wichern verlangt 1848 auf dem Wittenberger Kirchentag die Einsetzung von »Volkspredigern«, um der wachsenden Entkirchlichung entgegenzuarbeiten. Sie sollen eine stärkere Nähe zum einfachen Volk herstellen, als sie viele Pfarrer haben. Da aber auch das »Amtsdenken« im 19. Jahrhundert erstarkt, werden Wicherns Vorschläge nur punktuell verwirklicht. Viele Laien wenden sich von der Kirche ab oder engagieren sich im aufblühenden (kirchlichen) Vereinswesen. Die Kirche bleibt im Wesentlichen eine Pastoren- und Theologenkirche, »das heißt, eine Kirche, in welcher die Laien alle Aktion kirchlicher Art schließlich doch nur von den Pastoren und Theologen erwarten und ihre kirchlich-evangelische Freiheit eben darin erkennen, dass sie mit der Kirche nichts zu tun haben brauchen.«[7]

Not lehrt zusammenstehen und unkonventionelle Lösungen finden. Der Kirchenkampf – die Auseinandersetzung zwischen »Bekennender Kirche« und Nationalsozialismus – bringt eine neue

Aufwertung der Laienpredigt und des Lektorendienstes. In einem »Wort an die Gemeinden« wendet sich die zweite Bekenntnissynode der Kirche der altpreußischen Union im März 1935 gegen die »von nationalistischen Massenorganisationen gesteuerte Aktion neuheidnisch – germanischen Gottglaubens«.[8] Das NS – Regime reagiert mit Druck und »Schutzhaft«, woraufhin bekennende Gemeinden in Dortmund vier »Nothelfer« zum Dienst an Wort und Sakrament berufen.

In den folgenden Jahren wird immer wieder um die Frage der Laienpredigt gerungen. Je nach theologischer und politischer Orientierung wird eine »Notordnung« gefordert oder abgelehnt. 1937 werden in Dortmund »Allgemeine Richtlinien« für den Notdienst der »Ältesten« beschlossen. Sie gehen davon aus, dass »in der gegenwärtigen Notzeit der Kirche ... die Wahrung des allgemeinen Priestertums der Gläubigen eine heilige, von Gott selbst auferlegte Pflicht«[9] bedeute.

Im Krieg werden viele Pfarrer in die Wehrmacht eingezogen. Regelmäßige Gottesdienste können nicht mehr überall abgehalten werden. Laien sehen sich aufgefordert einzuspringen – ein kurzes Gebet zu sprechen, einen Bibeltext zu lesen, zum nächsten Gottesdienst vielleicht sogar eine Lesepredigt vorzubereiten. Die Frage des Lektorendienstes muss geregelt werden.

Viele Landeskirchen erarbeiten in den ersten Kriegsjahren Ordnungen. Angeknüpft wird häufig an das Priestertum aller Gläubigen, wenn auch der Rahmen unterschiedlich weit gefasst ist. In Kreisen der Bekennenden Kirche wächst die Erkenntnis, dass für den Gottesdienst nicht nur einer verantwortlich sein dürfe; vielmehr sollten Lektoren, Liturgen und (Lese-)Prediger zusammenwirken.

Nach Kriegsende sorgen – vor allem in Schlesien und Ostpreußen – Lektoren und Lektorinnen dafür, dass das gottesdienstliche Leben nicht völlig zusammenbricht. Ansonsten stellt sich die Frage, ob die Ansätze aus dem Kirchenkampf zurückgenommen oder ausgebaut werden sollen. So warnt der Arzt Dr. August Knorr, der sich schon in der Vorkriegszeit in Pommern um den Ausbau der Lektorenarbeit verdient gemacht hatte, »das Rad der geistlichen Geschichte der Kirche zurückzudrehen und die traditionelle Pastorenkirche mit der ebenfalls traditionellen Gemeindeunmündigkeit restaurieren zu wollen.« Er schlägt vor, »die Grundlage für eine Entscheidung über die Weiterführung dieses Laiendienstes zu schaffen.«[10]

In den 50er und 60er Jahren erlassen die meisten Landeskirchen Ordnungen für den Lektorendienst. Die LektorInnen werden an das Verlesen vorgefertigter Predigten verwiesen; die freie Wortverkündigung und die Austeilung des Abendmahls werden auf Notsituationen beschränkt. Manche Kirchen (Westfalen, Rheinland, Kirchenprovinz Sachsen) knüpfen allerdings an das Amt des Predigthelfers an, das das Recht zur freien Wortverkündigung und Sakramentsverwaltung (teilweise) einschließt.

Den eigenständigen Beitrag des Lektorendienstes betonen auch die »Empfehlungen der Bischofskonferenz« der lutherischen Landeskirchen von 1969: »Der Dienst des Lektors mit Predigtauftrag (Prädikant) gründet sich auf das allgemeine Priestertum. Der Prädikant hat teil an dem Amt der Kirche und somit an der öffentlichen Verkündigung des Evangeliums. Er hat eine eigene Funktion neben dem Pfarrer.«[11] Die Sakramentsverwaltung – hier zeigt sich ein wichtiger Unterschied zu den unierten Kirchen – gehört nicht zum Auftrag des Prädikanten (allenfalls zur »Darreichung« ist er in besonderen Fällen befugt).

Um 1970 kommt eine Entwicklung zum Abschluss, mit der die Laienpredigt und der Lektorendienst als eigenständige Form der Verkündigung etabliert sind. Verschiedene Einflüsse haben sich ausgewirkt: der Gedanke des Priestertums aller Gläubigen, Erfahrungen aus dem Kirchenkampf, ökumenische Impulse, Konzepte des Gemeindeaufbaus, Anregungen aus der Laienbewegung (Evangelische Akademien, Kirchentage). Die Lektorenarbeit ist auf einen guten Weg gebracht. Aber noch bleiben Fragen offen.

III Grenzgänger und Sesshafte – Auf dem Weg zu einer gemeinsamen Gottesdienstvision

Die Diskussion um das Ordinationsverständnis in der lutherischen Kirche ist von einer bleiernen Ergebnislosigkeit bestimmt. Mehrere brisante Fragen kommen hier zusammen: Wie »katholisch« will die lutherische Kirche und wie »priesterlich« sollen ihre PfarrerInnen sein? Welche Mitgestaltungsmöglichkeit haben die Laien und wie sind ordinierte Hauptamtliche und ehrenamtliche Laien aufeinander bezogen?

Seit Luther ist das Amts- und Ordinationsverständnis vielschichtig und spannungsreich, mithin auch das Verhältnis von Ordinierten und Laien. Es ist richtig, den hauptberuflich tätigen PfarrerInnen die Hauptverantwortung und -gestaltung des Gottesdienstes zuzumuten. Sie haben die entsprechende Ausbildung, die meiste Zeit für diese Arbeit – und werden dafür bezahlt. Unter der Hand wird diese pragmatische Sonderstellung freilich schnell zu einer wesensmäßigen. Den Amtsträgern werden sozusagen »priesterliche« Qualitäten zugesprochen, die sie allein berechtigen, sich dem Heiligen zu nähern und in seinem Bereich zu agieren. Es ist richtig: Vor Gott sind alle gleich, aber nicht alle können und müssen sich Gott in gleicher Weise nähern. Fatal ist freilich, wenn die Auswahl der Menschen, die das tun dürfen, allein durch die berufliche Position bestimmt ist. Das »Allgemeine Preußische Landrecht« und das deutsche Berufsbeamtentum sind hier eine unheilige Allianz eingegangen. Die Gleichung »Theologiestudium = Ordination = AmtsinhaberIn = berechtigt zu Predigt und Sakramentsverwaltung« vereinfacht und ideologisiert, was im Kraftfeld des Heiligen in dynamischem Fluss bleiben muss. Sonst bleibt die Frage verdrängt, welche Bedeutung der Subjektivität – dem Glauben, der »Würdigkeit«, dem Charisma – des Predigers zukommt. Sicher, die Subjektivität ist nicht der alleinige Maßstab der »Güte« eines Gottesdienstes. Aber sie ist auch nicht gleichgültig oder wirkungslos. Der Wunsch, dass sich Leben und Lehre decken möge, hat seine grundsätzliche Berechtigung. Wer von der Kirche befugt ist, sich dem Heiligen zu nähern – zu predigen und die Sakramente zu spenden – muss sich einer Auswahl und Ausbildung unterziehen. Nicht jede und jeder darf das tun. Aber die Grenze dieser Auswahl mit der Grenze zwischen ordinierten Amtsinhabern und Laien zusammenfallen zu lassen, ist weder theologisch einsichtig noch vermittelbar.

Der Pragmatismus der lutherischen Kirchen besteht zur Zeit darin, die Laien leichter zur Predigt zuzulassen als zur eigenverantwortlichen Gestaltung von Abendmahlsgottesdiensten. Diese Lösung ist historisch verständlich und ein Fortschritt. Sie ist aber theologisch unbefriedigend. Der Fortschritt der Reformation bestand darin, Wort und Sakrament zusammenzusehen. Gott wendet sich uns in Wort und Sakrament zu. Indem wir uns seinem Zuspruch öffnen (lassen), vertrauen wir ihm – mit leeren Händen, allein auf sein Wort hin. Jede unterschiedliche Gewichtung von Wort und Sakrament überspielt, dass die Kirche keinen anderen

Grund hat als allein Gottes Verheißung. Wenn Laien predigen dürfen (und es spricht nichts dagegen), müssen sie auch die Sakramente darreichen können. Wohlgemerkt: nach guter Vorbereitung und Beauftragung.[12]

Die Diskussion um die Frage, was LektorInnen dürfen und was nicht, ist stark von ordnungstheologischem Abgrenzungsdenken geprägt. Wichtiger ist freilich die Tatsache, dass es viele Menschen gibt, die predigen und Gottesdienste halten wollen. Was bringt sie dazu? Wir haben keine empirischen Daten, um diese Frage zu beantworten. Im Einzelfall wird es sich immer um ein Bündel von Motiven handeln: Manche wollen ihren spezifisch geprägten Glauben weitergeben, andere wollen dazu beitragen, dass die christliche Tradition in ihrem Ort nicht abreißt. Daneben gibt es irrationale Motive – sehr fragwürdige wie Belehrungsdrang und Geltungssucht, aber auch sehr edle wie Menschenliebe und Weisheit. Hinsichtlich dieser Motive gibt es keinen Unterschied zu PfarrerInnen – bis auf einen: LektorInnen und PrädikantInnen halten nicht Gottesdienste, um damit ihren Lebensunterhalt zu verdienen. Allein dieser Sachverhalt läßt manche aufhorchen. Etwas umsonst anzubieten, lässt vielleicht auch einen neugierigen Blick auf das Angebot werfen.

LektorInnen sind nicht in das finanzielle Regelwerk der institutionellen Kirche eingebunden, häufig auch nicht der innerbetrieblichen Blindheit der Hauptamtlichen unterworfen. Sie bringen andere Lebens- und Berufserfahrungen, andere Denkmuster und Sprachstile ein. Darin liegt das eigenständige Profil der Laienprediger. Sie sind – hoffentlich auch in ihrem Selbstverständnis – keine Mini-TheologInnen oder Ersatz-PfarrerInnen. Sie sind Hausfrauen/männer, LehrerInnen, FacharbeiterInnen und Angestellte, die predigen und Gottesdienste halten.

Die Gefahr der evangelischen Kirche ist, dass sie sich auf ein »Insider«-Milieu verengt und immer stärker von den Hauptamtlichen geprägt wird. Alle Ehrenamtlichen – gerade auch die, die sich im »Kernbereich« Gottesdienst engagieren – wirken der (Selbst-) Abkapselung der Kirche entgegen.

Aufbrüche in der Kirche sind immer mit der (Neu-)Entdeckung des allgemeinen Priestertums einhergegangen. Hans-Martin Barth hat vorgeschlagen, das allgemeine Priestertum im Begründungszusammenhang von Wort, Sakrament und Gabenlehre (Charismen) zu verankern: »Die Begründung im Wort macht deutlich, dass sich die Berufung zum allgemeinen Priestertum je und je neu aktualisiert, während die Verankerung in der Taufe die Identität und der Bezug zum Abendmahl die Solidarität der Berufenen zum Ausdruck bringt.«[13]

LektorInnen haben als getaufte Christen teil am allgemeinen Verkündigungsdienst der Kirche. LektorIn kann sein, wer die »Gabe« dazu hat. Die paulinische Charismenlehre verbindet den Bezug auf Christus (durch die Taufe), das fortwährende Wirken Gottes und die Wertschätzung individueller Unterschiede und Fähigkeiten.

LektorInnen sind Christen und Christinnen, die ihrer Gabe gemäß Gottesdienst halten. Gegenüber dem kirchlichen Binnenraum drückt das aus, dass der Verkündigungsauftrag der ganzen Kirche gegeben ist; nach »außen« macht es deutlich, dass die PfarrerInnen ein wichtiges Amt, aber nicht das Monopol auf die Weitergabe des Glaubens haben. Jeder Lektorengottesdienst unterstreicht, dass Gott es ist, der seine Gemeinde »beruft, sammelt, erleuchtet, heiligt und bei Jesus Christus erhält im rechten einigen Glauben« (Kleiner Katechismus).

Der Gottesdienst der Zukunft wird hoffentlich ein Gottesdienst sein, der nicht allein von einer Person vorbereitet und getragen wird. In jeder Gemeinde müssten – und anders wird der Gottesdienst in der Belanglosigkeit versinken – sich einige Christen finden, die ihn tragen. Dabei muss die Rolle aller Beteiligten neu bestimmt werden. Da nicht einer alles können muss – predigen, beten, singen – können unterschiedliche Menschen ihre Gaben einbringen, und die Gemeinde würde den Gottesdienst nicht mehr als einsame Solistenleistung wahrnehmen.

Eine kleine Gruppe – die sprichwörtlichen zwei oder drei reichen schon – könnte auch dem zweiten Fehlverständnis des Gottesdienstes entgegenwirken – dass nämlich der Gottesdienst die Darbietung perfekt geplanter und gehaltvoller Texte, Musikstücke und Aktionen ist. Dass alles vollständig vorbereitet ist, verstärkt die Passivität der Teilnehmenden. Sie werden entmutig und erfahren: Ich bin Objekt und komme mit dem, was mich bewegt, nur zufällig oder gar nicht vor. Dagegen müssen wir im Gottesdienst Räume schaffen, in denen alle Anwesenden ihre Gebetsanliegen und Liedwünsche, Fragen und Erfahrungen einbringen können. Dabei können wir viel vom »charismatischen Gottesdienst« der paulinischen Gemeinden lernen.[14]

Zu guter Letzt: Wenn man davon ausgeht, dass die Tage der Volkskirche als einer flächendeckenden »Versorgungseinrichtung« zu Ende gehen, gewinnt die Lektorenarbeit noch mehr Gewicht. Die Kirche der Zukunft wird eher ein »Netzwerk« von Christen und Christinnen sein, die in einer pluralistischen Welt authentisch-werbend für ihren Glauben einstehen. In diesem Netzwerk aus Gemeinde- und Projektgruppen, Zellen und Kommunitäten bringen Haupt- und Ehrenamtliche ihre spezifischen Gaben und Frömmigkeitsprägungen ein. Dabei werden sich auch die PfarrerInnen als Grenzgänger verstehen müssen – zwischen Kirche und »Welt«, innen und außen, Glaube und Zweifel, Tradition und Zukunft, Spiritualität und Aktion. Wer sich im Grenzgebiet bewegt, kann nicht auf traditionell abgesicherten Positionen und Privilegien beharren. Er muss beweglich bleiben und braucht dazu Weggefährten. Haupt- und Ehrenamtliche als Weggefährten im Grenzgebiet zwischen unterschiedlichen Lebensräumen – und mittendrin halten sie inne, um Gottesdienst zu feiern. Es wird Zeit, dass alle am Gottesdienst Beteiligten zusammenarbeiten, um diese Vision vom Gottesdienst zu entwickeln.

Peter Hennig

Anmerkungen

1. Ich übernehme den treffenden Begriff, den *Georg Fuhrmann* in seinem Buch »Grenzgänger, Lektoren im Dienst der Verkündigung« (Hannover 1987) geprägt hat.
2. Zit. nach Fuhrmann, 1987, S. 30.
3. Weimarer Ausgabe 6, 408, S. 11.
4. Ebd., 566, S. 26-28.
5. *Martin Rade*, Das königliche Priestertum der Gläubigen und seine Forderung an die evangelische Kirche unserer Zeit. Tübingen 1918, S. 9.
6. Zit. nach Albert Stein, Evangelische Laienpredigt. Ihre Geschichte, ihre Ordnung im Kirchenkampf und ihre gegenwärtige Bedeutung, Göttingen 1972, S. 19.
7. Adolf von Harnack, zit. nach Rade, 1918, S. 14f.
8. Zit. nach Fuhrmann, 1987, S. 61
9. Ebd., S. 65.
10. Ebd., S. 80f.
11. Zit. nach Stein, 1972, S. 137
12. Martin Rade forderte 1918, die Sakramentsverwaltung allen Christen zuzugestehen. Ein einheitliches Ordinationsverständnis für Haupt- und Ehrenamtliche fordert *Reiner Marquard*, Der Lektoren- und Prädikantendienst unter veränderter ›religiöser Straßenverkehrsordnung‹, DtPfBl 100. Jg., Heft 6/2000, S. 307-309.
13. *Hans Martin Barth*, Einander Priester sein. Allgemeines Priestertum in ökumenischer Perspektive, Göttingen 1990, S. 194.
14. 1 Kor 14, 26-40. Vgl. auch *Dietrich Koller*, Heilige Anarchie, München 1999.

Band der Liebe – Gemeinsam unter dem Dach der Kirche

Ich erinnere mich an den Gottesdienst[1]:

Der Gottesdienst wurde an einem Freitagabend vor dem Sonntag Kantate gefeiert. Da sich die Synode mit dem Thema »Gemeinsam unter dem Dach der Kirche« beschäftigte, drängte sich uns als Mittelpunkt die Epistel des Sonntages (Kol 3,12-17) auf. Gaben und Streit liegen in der Kirche ja eng beieinander. Das erweiterte Kyrie formuliert einige dieser Probleme, zeigt aber in den Schwerpunkten »Gaben – Eigensinn – Vielfalt« schon Möglichkeiten auf. Damit beschäftigt sich auch die Dialogpredigt. Sie will nicht über den Zustand der Kirche nörgeln, sondern ermutigen. Das Lied »Strahlen brechen viele« (EG 268,1-5) – noch viel zu selten gesungen – führt die Gedanken der Predigt mit vertrauten, aber nicht abgedroschenen Bildern fort. Als Glaubensbekenntnis haben wir bewusst ein noch nicht so bekanntes gewählt, nämlich das von Norbert Scholl; unsere überlieferten Glaubensbekenntnisse sind ein kostbarer Schatz, doch viele Menschen suchen auch nach anderen Worten, um ihren Glauben auszudrücken. Im Anschluss an das Abendmahl, das die Gottesdienstbesucher besonders eng miteinander verbindet, breiten wir die Gedanken des Gottesdienstes in den Fürbitten nochmals vor Gott aus und gehen mit dem ermutigenden Lied »Vertraut den neuen Wegen« (EG 395,1-3) und dem Segen.

Norbert Bengsch

Die GottesdienstteilnehmerInnen erhalten bei der Begrüßung an der Kirchentür das Blatt mit dem Glaubensbekenntnis von Norbert Scholl, das später gesprochen werden soll.

Orgelvorspiel

Begrüßung

Obwohl die Begrüßungen auf die Situation der Gemeinde zugeschnitten sein müssen, sind sie in unseren Entwürfen ausformuliert, weil sie fast immer mit einer kurzen Hinführung zum Thema des Gottesdienstes verbunden sind. Wir halten es für sehr sinnvoll, die Gottesdienstbesucher schon an dieser Stelle ein wenig »an die Hand zu nehmen«.

Die Gnade unseres Herrn Jesus Christus
und die Liebe Gottes
und die Gemeinschaft des Heiligen Geistes
sei mit uns allen. Amen.

Wir freuen uns, dass wir gemeinsam Gottesdienst zu dieser Synode feiern können.
Im Gottesdienst geschieht alles gemeinsam – beten und singen, hören und sprechen.
Der Wunsch, der hinter dem Thema dieser Synode steht »Gemeinsam unter dem Dach der Kirche«, lässt sich nicht so leicht verwirklichen, wie viele es sich wünschen.
Aber wenn wir den tiefen Sinn unserer gemeinsamen Arbeit nicht aus den Augen verlieren, ist das schon ein Schritt in die richtige Richtung.
Wir stellen diesen Gottesdienst und den weiteren Verlauf der Synode unter den Segen Gottes,
des Vaters und des Sohnes und des Heiligen Geistes,
indem wir singen:
»Komm, Herr, segne uns«

Eingangslied

Komm, Herr, segne uns (EG 170,1-4)

Dies Lied wird zwar meist als Lied vor dem Segen gewählt, in dieser Andacht sollte jedoch der Segen Gottes ganz besonders betont werden. Vom Thema her gut denkbar wäre zum Beispiel auch, mit dem Kanon »Wo zwei oder drei in meinem Namen versammelt sind« (EG 564 Regionalteil Niedersachsen und Bremen) anzufangen.

Gloria Patri

Erweitertes Kyrie[2]

1. SprecherIn:

Wir rufen Gott an. Auf die einzelnen Bitten antworten wir mit *Herr, erbarme dich, Christus, erbarme dich, Herr, erbarme dich*

2. SprecherIn:

Gott, Vater und Mutter,
du Quelle des Lebens und Grund deiner Kirche,
erbarme dich:
Du beschenkst jedes deiner Kinder mit einem Schatz
von Gaben und Motivation, von Begeisterung und Zeit.
Du willst dies alles zusammenführen
zu einem wunderbaren Mosaik der Gemeinschaft.
Doch *unterschiedlich* sind die Wege, die wir gehen,
unterschiedlich die Erfahrungen, die wir machen,
unterschiedlich die Überzeugungen, die wir gewinnen.
Führe du, Gott, uns zur Einheit in der Vielfalt.
Wir bitten:

Alle: *Herr, erbarme dich, Christus, erbarme dich, Herr, erbarme dich*

1. SprecherIn:

Jesus Christus,
du Quelle der Liebe und der Vergebung,
erbarme dich:
So unterschiedlich wir in unseren Gaben
und Erfahrungen sind,
so *ähnlich* sind wir uns in dem Eigensinn,
unsere Pläne durchzusetzen,
so *ähnlich* sind wir uns in der Vorstellung,
unsere Meinung sei die beste,
so *ähnlich* sind wir uns in dem Neid auf die anderen,
der uns gelegentlich beschleicht.
Wir reden oft nicht *mit* den anderen, sondern *über* sie.
wir kämpfen nicht immer mit offenem Visier,
wir verderben die guten Gaben durch unseren Eigensinn,
wir wollen immer gern Recht behalten,

dabei sind wir dir längst recht ...
Lehre du uns, Jesus Christus, die anderen so annehmen,
wie du uns angenommen hast.
Wir bitten:

Alle: *Herr, erbarme dich, Christus, erbarme dich, Herr, erbarme dich*

2. SprecherIn:

Gott, Heiliger Geist,
du Quelle des Gesprächs und des Miteinanders,
erbarme dich:
Du schenkst uns Vielfalt,
Vielfalt der Ideen,
Vielfalt der Denkansätze,
Vielfalt der Lösungsvorschläge.
Wir aber sind kleinmütig,
meinen, alles müsse sein wie von alters her,
wollen als Kirche nicht allzu sehr auffallen ...
Gib du, Gott, Heiliger Geist, uns Mut, Anstoß zu erregen,
wo unsere Kirche und unsere Welt angestoßen werden müssen.
Wir bitten:

Alle: *Herr, erbarme dich, Christus, erbarme dich, Herr, erbarme dich*

1. SprecherIn:

Gott, Vater, Sohn, Heiliger Geist
Wir sind beschenkt mit einer wunder-baren Botschaft:
Kinder Gottes – mit dir versöhnt,
Haushalter der Schöpfung – deine Mitarbeiter
Brüder und Schwestern – deine Gemeinde
Darum singen wir: Ich lobe meinen Gott (EG 272)

Gloria

Ich lobe meinen Gott (EG 272)

Epistel

Kol 3,12-17[3]

Halleluja nach EG 182, 1.2.5.9

In wenig singgewohnten Gemeinden wird es sich empfehlen, das Lied vorher kurz zu üben und einige strahlende Soprane/Tenöre zu bitten, die Oberstimme zu singen.

Dialogpredigt

An Seitenzahl gemessen und verglichen mit der Neigung vieler Prediger, sich auf zehn Minuten zu beschränken, erscheinen die Dialogpredigten dieser Sammlung möglicherweise lang. Die Erfahrung hat jedoch gezeigt, dass die Gottesdienstbesucher ihnen gespannt folgen, wenn sie nur gut gesprochen werden. Deshalb geben wir auch – im vollen Bewusstsein, dass ein Gottesdienst kein Theater ist – einige Regieanregungen.

A: Ich finde diesen Kolosser-Text *reichlich* dick aufgetragen.
Auserwählte Gottes, Heilige und Geliebte!? Wo gibt es denn so eine Gemeinde oder so eine Synode?
Auserwählt! Hochgestochen, elitär ist das!
Als wären wir etwas Besonderes.
Glaubst du das?? Siehst du davon etwas??

B: Ja, das glaube ich.
Oder glaubst du *nicht*, dass du von Gott geliebt bist?

A: Nun ja, von Gott geliebt schon, aber ...

B: Was »aber«?

A: Geliebt schon, aber *erwählt*? *Auserwählt*?

B: Ja, meinst du denn nicht, dass Gott längst – vor aller Zeit – ein Auge auf dich geworfen hat?
Mit der Taufe, mit den Gaben, die er dir geschenkt hat,
mit deinen Aufgaben in der Gemeinde ...

A: *(reckt sich ein wenig stolz)*

A: Doch, das will ich meinen ...

B: *(lacht)*
Ja, freu dich nur darüber.
Aber nicht als Privileg
– das glaubt übrigens kein vernünftiger Christ –, sondern als *Geschenk* Gottes an dich ...

(nachdenklich)
Als Geschenk?!
Aber dann auch als *Aufgabe*, ja?
Als Auftrag!

Genau! Geschenk, Aufgabe, Auftrag.

Und *diese* alle hier auch? Diese Synoden-Menschen?
Alle beschenkt ... begabt ... erwählt ... beauftragt!!
Mann! Mann!
Ob sie das wohl wissen?

(lacht)
O ja, ich glaube, das wissen sie.

Na! Ich habe gehört, sie streiten wie im Bundestag, treten sich gern auch mal gegen das Schienbein und schieben sich dann gegenseitig die Verantwortung zu ...

Halt! Halt!

Wieso »Halt!«, wenn es stimmt?

Schau doch lieber mal in unseren Brief hinein.
Was liest du da?

(blättert)
Herzliches Erbarmen, Freundlichkeit, Demut, Sanftmut, Geduld?
Meinst du das?

Ja, das, und dann weiter?
Es wird noch konkreter!

Einer ertrage den andern.
(schaut auf)

A: Sehr gut! Aber schwierig, schwierig ...
(liest weiter)
Und vergebt euch untereinander, wenn jemand Klage hat gegen den andern.
Noch schwieriger, noch schwieriger ...
Dabei kann man sein Gesicht verlieren.

B: Nein, sein Gesicht gewinnen. Wieder gewinnen ...
Sein Angesicht – nach Gottes Bild geschaffen – wieder gewinnen ...
So wie Gott dich erträgt ...

(fährt auf)
Na, hör mal! Mich ertragen!

(ungerührt)
...so wie Gott dich erträgt,
so sollst du auch die anderen ertragen.

Du meinst
(zögert)
Aber das geht ja ziemlich ans Eingemachte!
(zögert wieder)
Da müsste man ja auf die anderen zugehen?!

Ja, sicher, auf die anderen zugehen.
Das steht da doch auch.

Du meinst?
Warte!
(Schaut noch einmal in den Bibeltext)
Du meinst dies hier:
Wie der Herr euch vergeben hat, so vergebt auch ihr!
Das ist wirklich ein Wahnsinns-Satz.

A: Gott hat eine Vorleistung erbracht und deshalb können wir ...

B: Etwas kaufmännisch ausgedrückt. Aber genauso ist es. Die Liebe Gottes, die Vergebung durch ihn ist längst geschehen – Für jeden von uns.

Also ...
(denkt nach)
... also heißt es nicht jetzt mehr:
Du hast doch mit dem Streit angefangen,
deshalb setze ich noch einen drauf.
Sondern ...
(denkt wieder nach)
... sondern es heißt:
Gott hat mit der Vergebung angefangen,
deshalb setze ich heute mal einen *runter* ...

Jetzt hast du es begriffen. Gott will dies Werk der Versöhnung fortsetzen,
indem er immer neu Vergebung schenkt ...

Auch dem *Pastor*, der mich geärgert hat?

Ja!

Auch *mir*, als ich mich über den Pastor geärgert habe?

Auch dir!

Auch dem Gemeindemitglied, das mir vors Schienbein getreten hat?

Auch ihm!

Und mir, als ich zurückgetreten habe?

Auch dir, immer wieder auch dir.

A: Auch den Synodalen, die sich immerzu über die Andersdenkenden ärgern?

B: Ja!

A: Auch *den* Synodalen, die Anlass zum Ärger gegen?

B: Auch ihnen!

A: Na, dann können wir ja endlich anfangen zu *arbeiten*.

B: Siehst du, man muss Paulus nur richtig lesen.

A: Wieso *Paulus*?

B: Wieso *nicht* Paulus?

A: Weil nicht *Paulus* den Kolosserbrief geschrieben hat.

B: *Natürlich* hat er ihn geschrieben!

A: Eben nicht! *Alle* maßgebenden Theologen sind der Meinung ...

B: Die Theologen, die *du* liest, vielleicht ...
Meine Theologen sind der Ansicht ...

A: *Deine* Theologen!? Ha! Du liest eben nicht die richtigen ...

B: Ach, *deine* sind wohl die richtigen?

A: Fundamentalistin!

B: Lüdemann-Fan!

Beide: *(starren sich wütend an oder wenden sich voneinander ab; nach einiger Zeit erlösendes Lachen)*

A: Sag mal, kommt es eigentlich darauf an,
wer den Brief geschrieben hat?

B: Nnnein, es kommt darauf an, was drin steht?

A: Ja, und ich glaube, wir müssen das, was drin steht,
doch noch etwas genauer anschauen und leben.

A: *Herzliches Erbarmen, Freundlichkeit, Demut, Sanftmut, Geduld ...*
Klingt alles wirklich gut.
Aber das kommt doch nicht von allein??

B: Paulus *(zögert).* Sagen wir »Paulus«?

Ja, sagen wir »Paulus« .

Also: Paulus greift tiefer.
Über alles aber zieht an die Liebe,die da ist das Band der Vollkommenheit.

Über alles aber zieht an die Liebe, die da ist das Band der Vollkommenheit.

Welch ein schönes Bild: Band der Vollkommenheit ...
Aber anziehen? Kommt die Liebe denn nicht *über* uns?
Oder ist sie nicht *in* uns, mit der Taufe?
Oder der Konfirmation?
Oder vielleicht mit unserer Wahl in die Synode?

Die Bibel ist nicht ganz so optimistisch.
Die Liebe Gottes ist da, das schon.
Aber dennoch müssen wir sie anziehen wie einen Rock.

Oder einen Talar?

Sei nicht immer so boshaft.
Natürlich auch die Talarträger.
Aber wir alle sind gemeint.
In die Liebe Gottes, die vollkommen ist, hineinschlüpfen,
in diese Liebe, die uns seit der Geburt begleitet

B: und die uns am Ende unserer Tage erwartet ...

A: Morgens beim Aufstehen bewusst in sie hineinschlüpfen.

Sie mit an den Kaffeetisch nehmen.

Sie nicht vor dem Büro liegen lassen.

Sie vor der Sitzung noch einmal bewusst überstreifen.

Sie, wenn der Zorn mich fortreißen will, ganz fest um mich ziehen.

Vielleicht fängt dann der *Friede Christi, zu dem wir auch berufen sind ..., in unseren Herzen an zu regieren.*

Vielleicht gelingt es dann ja auch wieder, die Sitzungen im Kirchenvorstand von denen des örtlichen Parteivorstands zu unterscheiden.

... die der Synode von den Landtagssitzungen.

Ein Wunder Gottes!

Aber von Menschen umgesetzt.

Und *kein* Streit mehr?
Meinst du nicht ...
(zögert)
... meinst du nicht, Streit muss sein,
ist nötig – zur Klärung, ja, geradezu zum Fortschritt!?

Ja, Streit muss wohl sein.
Aber können wir nicht *mit*einander streiten
statt *gegen*einander?

Ja, ja. Paulus weiß selbst, dass wir auch streiten müssen.
Er spricht ja nicht von dem Band der *Ansichten,*

A: vom Band der *Interessen*, *die* brauchen nicht alle vom selben Band zu laufen,
sondern er spricht ...

B: ... er spricht vom Band der Liebe.
Das ist es, was tragen soll ...

A: *(eifrig)*
Ja, irgendwie muss es gelingen, unsere Ansichten, unsere Interessen klar auszusprechen, scharf zu formulieren,
aber sie *dann* am Band der Liebe aufzuhängen ...
Kannst du dir das vorstellen?

B: Sie dann am Band der Liebe aufzuhängen!
Ja, das kann ich mir vorstellen.
(dann zur Gemeinde/Synode gewandt)
Könnt ihr euch das vorstellen?
(kleine Pause)

A: Aber ... wenn mein Liebes-Band mal reißt?
Oder wenn wir vergessen, unsere Ansichten,
unsere Vorschläge daran aufzuhängen? Was dann?

B: Dann? Na, lies doch, was Paulus den Kolossern empfiehlt.
Dann *lehrt und ermahnt einander in aller Weisheit.*

A: Na, schau mich mal an, oder schau die da an.
Meinst du, wir lassen uns gern gegenseitig belehren?

B: Paulus spricht doch gar nicht von *be*lehren ...

A: Wie? Nicht belehren?
(zögert, schaut in die Bibel)

A: Du hast Recht: *Lehrt euch in Weisheit, ermahnt euch in Weisheit?*
Das ist ja etwas ganz anderes als sich gegenseitig belehren.
Wenn den anderen das Band der Liebe entgleitet,
es ihnen wieder geben.

B: Wenn es reißt, es für die anderen wieder knüpfen ...
Und dann geht vielleicht sogar das, was Paulus am Ende sagt: *Dann singt Gott dankbar in eurem Herzen mit Psalmen, Lobgesängen und geistlichen Liedern.*

A: Aber nun übertreibt er wohl doch ein wenig? Oder?
Ein Kirchenvorstand, ein Propsteivorstand, eine Synode, eine Kirchenregierung, die im Streit ihre Sitzung unterbrechen, um zu beten, Gott zu danken und zu singen??
Kannst du dir *das* vorstellen?

B: Ja, das kann ich mir vorstellen!
(zur Synode gewandt)
Können Sie sich das *nicht* vorstellen?
(kleine Pause, die beiden schauen sich an)

Beide: Amen.

B: Und die Liebe Gottes, die ...

A: ... heute vielleicht noch ...

B: weit über das hinausgeht, was unser Verstand ...

A: und unser Herz ...

B: fassen können, ...

A: erfülle unsere Herzen und Sinne, ...

B: bewege unsere Lippen ...

und lenke unsere Schritte ...

Beide: Amen.

Predigtlied

Strahlen brechen viele (EG 268,1-5)

Alternativ: »Herz und Herz vereint zusammen« (EG 251,1-3.6.7)

Glaubensbekenntnis

Wir laden Sie ein, das Glaubensbekenntnis von Norbert Scholl mit uns zu sprechen.
Es schreibt unser vertrautes Apostolisches Glaubensbekenntnis behutsam in unsere Zeit fort. Sie finden es auf dem Zettel.[4]

Wenn ein anderes als das Apostolische Glaubensbekenntnis gesprochen wird, ist es unabdingbar, den Gottesdienstbesuchern den Text in die Hand zu geben und sie zum Mitsprechen *einzuladen*, nicht aufzufordern.

(Zeichen zum Aufstehen)

Ich glaube an Gott.
Er ist wie Vater und Mutter.
Er ist Anfang von allem
und Freund des Lebens.
Ich glaube an Jesus Christus.
Er ist das Kind jüdischer Eltern,
ein Geschenk für die ganze Welt.
In Wort und Tat hat er Zeugnis gegeben
von der Liebe Gottes zu seinem Volk
und zu allen Menschen.
Pontius Pilatus hat ihn zum Tode verurteilt
und kreuzigen lassen.
Doch Gott hat ihn vom Tode erweckt.
Das bezeugen seine Freunde.
Ich glaube an Gottes Leben schaffenden Geist.
Ich bekenne mich zu der einen christlichen Kirche,
geeint in Wort und Sakrament.

Ich erwarte die Auferweckung der Toten
zu einer versöhnten Gemeinschaft aller
in Gott.
Amen.

Abendmahl[5]

Lied

Wir sind zum Mahl geladen (EG 570, 1+3 Regionalteil Niedersachsen und Bremen)

(Diese Gottesdienst-Entwürfe enthalten häufig Lieder aus dem Regionalteil Niedersachsen und Bremen des EG. Findige LeserInnen werden diese Lieder ohne zu große Schwierigkeiten in anderen Sammlungen aufspüren.
Aus dem Gesangbuch sind an dieser Stelle auch folgende Lieder gut möglich: »Komm, sag es allen weiter« (EG 225), »Kommt mit Gaben und Lobgesang« (EG 229) oder »Herr, lass uns deiner Nähe inne werden« (EG 569 Regionalteil Niedersachsen und Bremen).
Wenn man an dieser Stelle deutlich den Gedanken zum Ausdruck bringen will, dass Gott *jeden* zum Mahl einlädt, kann hier auch gesungen werden: *Manfred Siebald* »Es ist niemand zu groß, es ist niemand zu klein« (siehe Liedanhang).

Sündenbekenntnis und Zuspruch

1. SprecherIn:

Wir beten.
Ein langer Arbeitstag liegt hinter uns.
Gute Gespräche haben wir geführt,
uns miteinander austauschen können.
Dafür danken wir dir, Gott.
Aber es hat auch die Phasen gegeben,
in denen wir nicht so gut drauf waren.
In denen wir uns über andere geärgert haben,
wo wir ungerecht waren,
anderen etwas schuldig geblieben sind.
Dies bringen wir in der Stille vor dich, Gott,
und bitten dich um Vergebung.

Stille

Diese Gottesdienste und Andachten enthalten immer wieder Phasen der Stille, nicht nur an Stellen wie dieser, an denen es sich aufdrängt, sondern auch im Anschluss an Lesungen oder Meditationen. Die Erfahrung zeigt, dass sich die Gottesdienstbesucher, wenn man die Länge nicht übertreibt, hierauf gut einlassen und Stille als Vertiefung empfinden.

Gott liebt uns,
er vergibt uns.
Er schenkt uns Mut und Kraft,
immer wieder auf einander zuzugehen.
Amen.

Orgelmeditation

Eucharistiegebet

2. SprecherIn:

Jesus Christus lädt uns ein, jede und jeden von uns.
Er sieht wohl unsere Schuld,
aber er rechnet sie uns nicht an.
Er setzte sich mit denen an einen Tisch,
die man Sünder nannte
und von denen man sich fern hielt.
Damit bezog er sie ein in die Gemeinschaft mit Gott.
So sind auch wir eingeladen,
miteinander:
im Namen Jesu Christi zu essen und zu trinken
und in seinem Namen einen neuen Anfang zu machen.
Darum lasst uns miteinander beten:

3. SprecherIn:

Großer Gott, dich loben wir.
Du bist uns in deinem Sohn ganz nahe gekommen.
Lass uns deine Nähe spüren,
wenn wir in Jesu Namen Brot und Kelch
miteinander teilen.
Sende uns deinen Heiligen Geist,
dass er uns hilft, einander so anzunehmen,
wie du uns angenommen hast,
damit wir etwas von dem Leben schmecken,
das in Jesus Christus erschienen ist.

Denn unser Herr Jesus Christus,
in der Nacht, da er verraten ward,

nahm er das Brot, dankte und brach's
und gab's seinen Jüngern und sprach:
Nehmet hin und esset.
Das ist ✝ mein Leib, der für euch gegeben wird.
Solches tut zu meinem Gedächtnis.
Desgleichen nahm er auch den Kelch
nach dem Abendmahl,
dankte und gab ihnen den und sprach:
Nehmet hin und trinket alle daraus,
dieser Kelch ist der neue Bund in ✝ meinem Blut,
das für euch vergossen wird zur Vergebung der Sünden.
Solches tut, so oft ihr's trinket,
zu meinem Gedächtnis.

2. SprecherIn:

Groß ist das Geheimnis des Glaubens!
Deinen Tod, o Herr, verkünden wir
und deine Auferstehung preisen wir,
bis du kommst in Herrlichkeit.

3. SprecherIn:

Im Vertrauen darauf beten wir mit den Worten unseres Herrn Jesus Christus:

Vaterunser

Friedensgruß

3. SprecherIn:

Der Friede Gottes bewahrt unser Leben in der Liebe Christi.
Darum lasst uns einander ein Zeichen des Friedens geben
und sagen: »Friede sei mit dir!«

Agnus Dei

Christe, du Lamm Gottes (EG 190.2)

Einladung

3. SprecherIn:

Kommt, denn es ist alles bereit.
Schmecket und sehet, wie freundlich der Herr ist.

Austeilung

3. SprecherIn:

Jesus Christus spricht:
Ich bin das Brot des Lebens.
Wer von diesem Brot isst, der wird leben.
(Das Brot wird im Kreis weitergereicht mit den Worten)
»Das Brot des Lebens für dich.«

Jesus Christus spricht:
Ich bin der Weinstock, ihr seid die Reben.
Wer in mir bleibt und ich in ihm,
der bringt viel Frucht.
(Der Kelch wird im Kreis weitergereicht mit den Worten)
»Der Kelch des Heils für dich.«

Reicht einander die Hände
zum Zeichen des Friedens unter uns ...

Geht in die Welt als die Auserwählten Gottes,
verbunden durch das Band der Liebe.
Gehet hin in ✝ Frieden.
Amen.

Abschlussgeste

3. SprecherIn:

Im heiligen Abendmahl erfahren wir uns
als Christi Glieder,
Schwestern und Brüder,
die verbunden sind durch das *Band der Vollkommenheit*,
der Liebe Gottes.

Lied

Danket dem Herrn (EG 333,1.2.4)

Fürbittengebet

1. SprecherIn:

Gott, du hast uns zur Mitarbeit in deine Kirche berufen.
Wir bitten dich um Mut und Ausdauer für diese Arbeit.
Mach den Wunsch nach einem großen Neuanfang
ganz stark in uns.
Doch lass uns darüber die kleinen Schritte nicht versäumen,
die heute fällig sind.

2. SprecherIn:

Lass es uns wagen, zu improvisieren,
wo langfristige Lösungen noch nicht reif sind.
Gib uns den Mut, den Menschen auch auf neuen Wegen
Erfahrungen mit dir zu ermöglichen.

1. SprecherIn:

Ermutige uns, Scheitern und Schuld einzugestehen,
und einander in Liebe zu ermahnen.
Schenk uns jeden Tag die wunderbare Kraft der Vergebung.
Herr, gib uns Mut zum Bauen von Brücken.

2. SprecherIn:

Lass uns deine Liebe, das Band der Vollkommenheit,
immer wieder anziehen wie ein Kleid,
als Festkleid und als Arbeitskittel.

1. SprecherIn:

Und alles, was wir tun mit Worten oder mit Werken,
das lass uns im Namen deines Sohnes Jesus Christus tun.
Amen.

Lied

Vertraut den neuen Wegen (EG 395,1-3)

Sendung / Segen

Jetzt lasst uns gehen
mit der Vielfalt der Gaben,
die Gott uns für Glauben und Leben schenkt
in der Kraft,
mit der er unsere Hoffnung täglich wieder auffüllt,
und mit der Liebe,
die alles trägt und die von allem das größte ist.

Der Herr segne dich
und behüte dich,
der Herr lasse sein Angesicht leuchten über dir
und sei dir gnädig,
der Herr erhebe sein Angesicht auf dich
und gebe dir Frieden.
Amen.

Orgelnachspiel

(Die Gemeinde wird eingeladen, sitzen zu bleiben)

Anmerkungen

1. Gottesdienst zur Landessynode der Braunschweigischen Landeskirche am 19.5.2000 auf dem Hessenkopf bei Goslar.
2. Soweit keine Quellen angegeben sind, handelt es sich um eigene Texte der Vorbereitungsgruppe.
3. Wenn nichts anderes vermerkt ist, haben wir in den Gottesdiensten die Übersetzung von Luther 1984 gewählt.
4. *Norbert Scholl*, Das Glaubensbekenntnis. Satz für Satz erklärt, Kösel-Verlag, München 2000, S. 194.
5. Nach *Fritz Baltruweit / Günter Ruddat*, Gemeinde gestaltet Gottesdienst, Gütersloher Verlagshaus, Gütersloh, 1994, S. 160ff. Weitere gute Anregungen zur Gestaltung von Abendmahlsfeiern enthält das Buch: Abendmahl. Fest der Hoffnung. Grundlagen – Liturgien – Texte, hg. im Auftrag des Deutschen Evangelischen Kirchentages von Christiane Bergerau, Rainer Schomburg und Martin von Essen, Gütersloh, 2000.

Hingabe – Kreuz

Ich erinnere mich an den Gottesdienst[1]:

Der Gottesdienst versucht, den nicht eben populären Gedanken des Dienens gleichsam von Jesus abzuschauen. Schon im Evangelium stellt er dem anmaßenden Wunsch der Jünger die Notwendigkeit entgegen, zu dienen, und die Erwartung, dass NachfolgerInnnen auch leiden werden. Das erste Lied nimmt den Gedanken auf, dass Glauben ein Wagnis ist. In den Mittelpunkt haben wir den Episteltext für den Sonntag Judika gestellt (Hebr 5,7-9). Schon immer hat mich Jesus, der Leidende, mehr angesprochen als der Weltenherrscher. Einem, der auch einmal Angst hat, der hadert und zweifelt und der Vertrauen erst lernen muss, kann ich mich anvertrauen. Passion als Mitleiden Gottes in Jesus – so kann ich es denken. Dann kann ich vielleicht Auschwitz und Gott wieder in einem Satz aussprechen. Und: Diesem Jesus kann ich abnehmen, dass christlicher Glaube auch etwas mit Gehorchen und Dienen zu tun hat.

Hans W. Schünemann

Orgelvorspiel

Begrüßung

Einleitung zum Gottesdienst

Passion heißt Leiden.
Die Worte, die wir heute hören, zeigen uns:
Passion heißt auch Gehorchen und Dienen.
Keine beliebten Vorstellungsbilder in unserer Zeit.
Aber billiger ist Jesus nun einmal nicht zu haben.
Jesus lernt Gehorsam in Getsemane,
er kann es, weil Gott ihn liebt.
Daher: Passion ist Liebe Gottes.
Wir beginnen den Gottesdienst im Namen des Vaters, der uns liebt,
des Sohnes, der uns vorangeht in Gehorsam aus Liebe,
und des Heiligen Geistes, der uns leitet
zu vertrauensvollen Schritten.
Amen.

Lied

Vertrauen wagen (EG 607, 1-5 Regionalteil Niedersachsen und Bremen)

Erweitertes Kyrie-Gebet

1. SprecherIn:

Gott, hier sind wir.
Wir versuchen, dein Wort zu verstehen.
Komm uns entgegen; öffne uns Herz und Sinne.
Wir suchen deine Nähe, wir brauchen deine Liebe;
unser Atmen, Denken, Fühlen soll auf dich gerichtet sein.

Alle: *Kyrie eleison* (EG 178.9)

2. SprecherIn:

Gott, du hast für uns ein Leben geschaffen,
zu dem Freude und Dienen gehören.
Du willst, dass wir einander glücklich machen.
Gib uns ein Herz, das auf dein Wort hört,

das die Freude sucht, ohne sie festzuhalten,
ein Herz, das den anderen und seine Bedürfnisse wahrnimmt,
das verzichten und teilen kann
und das sein Glück auch in der Freude der anderen findet.

Alle: *Kyrie eleison* (EG 178.9)

Lied

Laudate omnes gentes (EG 181.6) 3 x

Evangelium

Mk 10, 35ff
(mit verteilten Rollen gelesen)
Es zeigte sich im Gottesdienst und in Gesprächen danach, dass dieses Lesen mit verteilten Rollen mit viel mehr Anteilnahme verfolgt wurde als Lesungen sonst. Wegen der (durch die Zumutungen der Jünger an Jesus) bereits im Text liegenden Spannung eignete sich dieses Stück dazu freilich besonders gut. Aber man sollte sich nicht scheuen, dies Stilmittel auch sonst gelegentlich einzusetzen. Der Versuchung, das »Spiel« durch Kostüme zu perfektionieren, sollte man hier nicht erliegen. Dadurch würde die Auseinandersetzung mit Jesus in die Vergangenheit verschoben; sie soll aber heute stattfinden.

SprecherIn:

Wir hören Evangelium und Epistel. Das Evangelium zuerst.
Wenn vom vertrauten Gottesdienstablauf abgewichen wird, ist es sinnvoll, bereits am Anfang darauf hinzuweisen oder im Verlauf des Gottesdienstes kleine »Wegweiser« aufzustellen.
Jesus verlangt viel von uns, wenn er darin sagt:
Wer von euch etwas Besonderes sein will, soll den anderen dienen.
Aber er verlangt niemals mehr von uns, als er längst gegeben hat.
Die Epistel und die Meditation dazu zeigen, was er gibt:
Gehorsam aus Liebe.
Wir hören zunächst das Evangelium aus Markus im 10. Kapitel.

ErzählerIn:

Jakobus und Johannes, die Söhne von Zebedäus, gingen zu Jesus hin und sagten zu ihm:

Jakobus/Johannes:

Lehrer, wir möchten, dass du uns eine Bitte erfüllst!

ErzählerIn:

Jesus fragte sie:

Jesus:

Was möchtet ihr denn? Was soll ich für euch tun?

Jakobus/Johannes:

Wir möchten, dass du uns rechts und links neben dir sitzen lässt, wenn du deine Herrschaft angetreten hast!

Jesus:

Ihr wisst nicht, was ihr da verlangt!
Könnt ihr den Kelch trinken, den ich trinke?
Könnt ihr die Taufe auf euch nehmen, mit der ich getauft werde?

Jakobus/Johannes:

Das können wir!

Jesus:

Ihr werdet tatsächlich den gleichen Kelch trinken wie ich
und mit der Taufe getauft werden, die mir bevorsteht.
Aber ich kann nicht darüber verfügen,
wer rechts und links neben mir sitzen wird.
Auf diesen Plätzen werden die sitzen, die Gott dafür bestimmt hat.

ErzählerIn:

Die anderen zehn hatten das Gespräch mit angehört und ärgerten sich über Jakobus und Johannes. Da rief Jesus alle zwölf zu sich her und sagte:

Jesus:

Ihr wisst: Die Herrscher der Völker, ihre Großen,
unterdrücken ihre Leute und lassen sie ihre Macht spüren.
Bei euch muss es anders sein!
Wer von euch etwas Besonderes sein will, soll den anderen dienen,
und wer von euch an der Spitze stehen will, soll sich allen unterordnen.

Auch der Menschensohn ist nicht gekommen, um sich bedienen zu lassen,
sondern um zu dienen und sein Leben als Lösegeld für alle Menschen hinzugeben.

Mit dem Overheadprojektor wird der Holzschnitt von Barlach »Christus in Getsemane« gezeigt.

Christus in Gethsemane. Ernst Barlach, Holzschnitt, 1919 © Ernst und Hans Barlach Gebr. Lizenzverwaltung Ratzeburg

Lied

Bleibet hier und wachet mit mir (EG 789.2 Regionalteil Niedersachsen und Bremen)
Es kann nötig sein, diese beiden Liedzeilen vor Beginn des Gottesdienstes einzuüben.

Epistel

Hebr 5, 7-9[2]

Als Jesus unter uns Menschen lebte,
hat er Gott, der ihn allein vom Tod retten konnte,
unter Tränen und voller Verzweiflung angefleht.
Und Gott erhörte sein Gebet und befreite ihn aus seiner Angst,
weil Jesus den Vater ehrte und ihm gehorsam war.

Auch Jesus, der Sohn Gottes, musste durch sein Leiden lernen,
was Gehorsam heißt.
Nachdem er aber sein Opfer am Kreuz vollbracht hatte,
ist er für alle, die ihm gehorsam sind,
zum Retter und Erlöser geworden.

Lied

Bleibet hier und wachet mit mir (EG 789.2, 2x)

Predigtmeditation

SprecherIn nicht sichtbar, auf der Empore, mit Mikrofon.

Vater ...
Vater, ich flehe dich an.
Sie kommen schon in den Garten ...
Vater, antworte doch ...
Warum schweigst du?
Sie werden mich fesseln und schlagen.
Sie werden ihren Spott treiben mit mir – und mit dir.
Ihr Hass wird über deine Liebe triumphieren.
Unter ihren Füßen wird dein Reich zertrampelt werden.
Es wird wieder alles so werden, wie es war.
Als sei nichts geschehen ...

Warum willst du das, Vater?
Willst du mich, deinen Sohn, dem Hass der Welt opfern?
Wie kannst du das zulassen?
Hilf mir, dich zu verstehen!

Du hast mir doch die Kraft verliehen zu heilen.
Durch mich sollten doch die Menschen deine Stimme wieder hören.
Und sie haben sie gehört.
Das Himmelreich sollten haben, die geistlich arm sind,
Trost versprachst du denen, die Leid tragen,
das Erdreich den Sanftmütigen.
Und die Friedfertigen sollten deine Kinder heißen.
Dies alles durfte ich ihnen von dir sagen.

Nun kommen sie, um mich zu töten.
Und du ziehst deine Hand von mir!?
Und von ihnen?!?

Statt Trost schickst du Verzweiflung?
Statt Frieden – Krieg?
Statt Gerechtigkeit – Willkür?
Statt Liebe – Hass?
(kleine Pause)

Vater, antworte mir ...
Warum schweigst du in dieser entscheidenden Stunde?
Immer war ich dir nah, konnte deine Stimme hören.
Und nun höre ich nichts als das leise Klirren ihrer Waffen,
wie sie den Berg hinaufschleichen.
Ich rieche die Brandfackeln,
mit denen sie dein Wort verbrennen wollen.
Ich spüre ihre Begierde, den zu töten, den du liebst.
Wie ein leerer Krug bin ich , der sich unerbittlich mit Angst füllt.
Ja, Angst, Vater, Angst.
Den Tod vor mir.
Und keine Antwort von dir.
Das ist die Hölle ...
(flüsternd) Durch die Hölle muss ich gehen?

Du überlässt mich dem Hass der Welt?!
Von allen Freunden verlassen!
Und der Vater schweigt dazu!
Eli lama asabtani!
Das ist die Hölle, Vater.
Aber warum?
Du kannst mich doch daraus erretten.
Du allein kannst es.
Vater, aus der Tiefe schreie ich zu dir.
Warum antwortest du nicht?
(kleine Pause)

Warum muss ich leiden? Ohne Sünden und dennoch leiden?
Warum? Wozu?
Muss ich erst durch dieses Leiden lernen, was Gehorsam heißt?
Ich habe nie gezweifelt, dass der die Mächtigen zum Feind hat,
der deine Liebe verkündigt.
Und ich verstehe gut, wie tief es die Gerechten-Selbstgerechten erbittern musste,
wenn ich von Umkehr sprach.

Ja, Vater, immer habe ich die Todesgefahr gesehen und dennoch meinen Auftrag erfüllt.
Nie bin ich an deiner Liebe irre geworden.
Aber nun! Nun der Tod? Und das Ende?
Wozu ein solches Opfer?

Ich weiß, Vater, dass du die Sünde der Menschen nicht übersehen kannst.
Du nimmst die Menschen ernst – auch in ihrer Sünde.
Du willst sie nicht annehmen, ohne ernsthaft auf ihre Sünde zu antworten,
ja, und sie zu richten.
Aber ich ein Opfer für ihre Sünden?
Wie das Opferlamm, das unsere Väter in die Wüste schickten, beladen mit ihrer Schuld?
Stellvertretend ihre Sünde tragen?
Das Lösegeld für sie zahlen?
Oder mein Tod als die Beglaubigung dafür,
dass nur der Weg der unbeirrbaren Liebe dein Weg ist.

Vater, wie soll ich das fassen?
Dir gehorchen, sagst du?
O, du sprichst wieder mit mir!
Von jenseits der Hölle höre ich leise deine Worte:
Dir gehorchen lernen!
Gegen alle Eigenmächtigkeit auf deine Macht vertrauen?
Auf die Macht der Liebe jenseits von Hölle und Tod!
O Vater, welch ein Gedanke!
Dein Wille geschehe!

So habe ich es die gelehrt, die du mir anvertraut hattest.
Dein Wille geschehe ...
Das anzuerkennen, verlangst du nun von mir.
Auch wenn ich ihn nicht verstehe?
Auch wenn dein Wille missverstanden werden kann?!
Dein Wille geschehe.

Ja, Vater.
Und dennoch ...
Alles in mir sträubt sich dagegen, in einen sinnlosen Tod zu gehen.
Nicht zähneknirschend möchte ich mich unter deinen Willen beugen.
Nein, mein Wille soll eins werden mit dem deinen!!

Nur wer deinen Willen erfüllt, gibt dir die Ehre.
Dir vertrauen, ohne ganz zu verstehen?!
Das soll ich lernen.

Sie sind da.
Es erfüllt sich dein Wille.
Ja, Vater.
In deine Hände lege ich alles, was ich habe und bin.

Orgelmusik

Overheadprojektor aus

Hinleitung zum Credo

In Liebe für uns gehorsam bis ans Kreuz ...
Einem solchen Gott zu glauben,
ihm zu vertrauen und zu folgen,
das wollen wir bekennen,
gemeinsam bekennen
in dem Lied, das wir jetzt singen.

Credo-Lied

Wir glauben Gott im höchsten Thron (EG 184, 1-5)

Denkbar auch »Wir glauben all an einen Gott« (EG 183); es hat freilich eine wenig bekannte Melodie.

Fürbittengebet

1. SprecherIn:

Gott, du willst unser Lob;
wir aber seufzen über das, was uns beschwert.
Du willst unseren Dank; wir aber sehen nur das, was uns fehlt.
Du willst unseren Gehorsam;
wir aber fragen nur nach dem, was uns nützt.
Du willst uns in deiner Nachfolge;
wir aber suchen unseren eigenen Weg.
Halte uns an deiner Hand und lass uns in unserem Starrsinn und unserem Versagen nicht los.

2. SprecherIn:

Gott, wir dienen deiner Sache oft schlecht.
Jeder Geschäftsmann, der seine Ware geschickt anpreist, beschämt uns.
Wir lassen uns zu wenig einfallen, um dein gutes Wort unter die Leute zu bringen.
Wir bitten dich:
Schenke uns Fantasie, damit wir nicht hinter der Zeit herhinken.
Schenke uns Helfer mit guten Einfällen und neuen Ideen für die Gemeindearbeit.

1. SprecherIn:

Gott, gib Bereitschaft zu Frieden und Versöhnung zwischen den entzweiten Völkern.
Gib Weisheit, Gerechtigkeit und Mut allen, die zu regieren haben.
Nimm alles Forschen in die Verantwortung für Leben und Wohl der Menschen.
Mache die reichen Völker willig, dem Hunger und den Leiden der armen Völker zu wehren.

2. SprecherIn:

Öffne uns die Augen für die Einsamen und Geängstigten,
auch für die in unserer kleinen Gemeinschaft.
Mache uns bereit, ihnen zu Nächsten zu werden.
Hilf uns allen zum Glauben und zu mutigen Taten der Liebe,
damit auch in unserem Denken, Reden und Handeln etwas davon spürbar wird davon,
dass du, Jesus Christus, unser Herr und Bruder bist.

Beide Sprecher:

Mit deinem Leiden am Kreuz
hast du dem Tod die Macht genommen.
Sei du das Licht und das Leben der Welt bis in alle Ewigkeit.
Amen.

Einleitung zum Abendmahl

Wir feiern gemeinsam das Abendmahl.
Ja, feiern.

Denn hinter allem, was wir gehört haben, steht Gottes Liebe.
Sie ist der Grund unseres Lebens und der Halt in unserem Sterben,
sie hält uns in unserer Schuld und führt uns in die Freiheit.
An ihr haben wir Anteil in Brot und Wein.

Lied

Kommt mit Gaben und Lobgesang (EG 229,1-3)

Oder »Du hast zu deinem Abendmahl als Gäste uns geladen« (EG 224)

Während des Liedes bereiten zwei der Mitwirkenden den Tisch.

Einsetzung/Austeilung

Die Einsetzung erfolgte durch den Gemeindepfarrer. Sie wird hoffentlich bald in allen Landeskirchen der EKD den LektorInnen und PrädikantInnen erlaubt sein.

Bei der Austeilung stehen alle im Kreis um den gesamten Kirchenraum. Das Brot wird zunächst den Austeilenden gegeben. Sie nehmen eine Schale, reihen sich in den Kreis ein und geben die Schale weiter.
Danach erhalten die Austeilenden Saft/Wein. Sie geben diesen dann weiter in die Reihe. Am Ende stellen die Austeilenden sich links und rechts vom Altar auf. Alle bleiben stehen.

So war es geplant. Der Gedanke dabei war, dass die Austeilenden mit in den Kreis der ganzen Gemeinde gehören. Bei der Durchführung entstand jedoch schnell ein Hin- und Herlaufen mit den Schalen und Kelchen, das Verwirrung und Unruhe stiftete. Jede Abweichung von der gewohnten Abendmahlsform sollte daher regelrecht geübt werden.
Eine gute Möglichkeit wäre hier die Intinktio gewesen.

Dankgebet

Es wurde damals von dem Gemeindepfarrer frei formuliert. Das Neue Gottesdienstbuch bringt viele Anregungen.

Lied

Bewahre uns, Gott (EG 171, 1-3)
Im Stehen, dazu Lied-Text an die Wand projiziert.

Segen

Gott bewahre euch und behüte euch.

Er sei mit euch durch seinen Segen.
Sein heiliger Geist, der Leben verheißt,
sei um euch auf euren Wegen.

LektorInnen gemeinsam:

Gottes Heiliger Geist, der Leben verheißt,
sei um euch auf euren Wegen.
Amen.

Orgelnachspiel

(Die Gemeinde wird eingeladen, sitzen zu bleiben)

Anmerkungen

1. Gottesdienst zur Lektorenjahrestagung 28.3.1998 (Samstag vor Judika) in St. Johannes, Goslar.
2. Übersetzung »Hoffnung für alle« (Brunnen-Verlag).

Ich bin ja sonst nicht undankbar – Danken

Ich erinnere mich an den Gottesdienst[1]*:*

Das Thema »Dankbarkeit« – wann bin ich dankbar oder undankbar und warum – umfasst unser menschliches Leben von Kindheit an. Für uns »Montagsliturgen« stand die Frage im Vordergrund: Wann habe ich *Grund, dankbar zu sein, und wie äußert sich das für mich und andere Menschen? Die Geschichte von den zehn Aussätzigen hat uns lange beschäftigt: Was macht Menschen heute zu »Aussätzigen«? Was kränkt uns? Was macht uns unfähig, dankbar zu werden?*

Die Botschaft des Evangeliums haben wir pantomimisch gestaltet. Diese »nonverbale Ansprache« hat – bei den Mitwirkenden ebenso wie bei den GottesdienstbesucherInnen – viel emotionale Betroffenheit ausgelöst und sehr lange nachgewirkt. Die persönlichen Beiträge der Neun, die ohne Dank davongehen, zog alle mehr in den Bann, als es eine Predigt vermocht hätte, die unsere allfälligen Rechtfertigungsversuche darlegte und bewertete.

Gila Freiesleben

Orgelvorspiel

Begrüßung / Abkündigungen

Einleitung zum Gottesdienst

Wir sind zusammengekommen, um diesen Gottesdienst zu feiern.
Zu feiern!
Denn wir alle haben Grund zum Feiern – weil wir beschenkt sind.
Jeder und jede von uns ist ein von Gott beschenkter Mensch.
Mit Körper und Geist beschenkt, mit Begabungen,
mit Zeit beschenkt und mit tausend anderen Dingen.
Haben Sie schon einmal überlegt,
dass Gott durch diese Geschenke mit uns Kontakt aufnimmt?
Und dass er darauf wartet, ob die Geschenke bei uns angekommen sind?
Nicht nur angekommen in unseren Händen,
sondern in unseren Herzen, in unserem Leben!?
Gottes Geschenke wirklich bei uns ankommen lassen – das ist Danken.
Darum soll es in diesem Gottesdienst gehen.
Wir beginnen unsern Gottesdienst im Namen des Vaters und des Sohnes und des Heiligen Geistes.

Lied

Singt das Lied der Freude (EG 305,1-4)

Man kann hier auch wählen: »Danket dem Herrn« (EG 333) oder »Danke für diesen guten Morgen« (EG 334), je nachdem, ob man den Akzent mehr auf hochgestimmte Anbetung oder auf schlichten Dank setzen will.

Psalm 146 im Wechsel mit der Gemeinde (EG 757)

Halleluja! Lobe den Herrn, meine Seele!
Ich will den Herrn loben, solange ich lebe,
und meinem Gott lobsingen, solange ich bin.

> Verlasset euch nicht auf Fürsten;
> sie sind Menschen, die können ja nicht helfen.

Denn des Menschen Geist muss davon,
und er muss wieder zu Erde werden;
dann sind verloren alle seine Pläne.

> Wohl dem, dessen Hilfe der Gott Jakobs ist,
> der seine Hoffnung setzt auf den Herrn, seinen Gott,

der Himmel und Erde gemacht hat,
das Meer und alles, was darinnen ist;
der Treue hält ewiglich,
der Recht schafft denen, die Gewalt leiden,
der die Hungrigen speiset.
Der Herr macht die Gefangenen frei.
Der Herr macht die Blinden sehend.
Der Herr richtet auf, die niedergeschlagen sind.
Der Herr liebt die Gerechten.
Der Herr behütet die Fremdlinge
und erhält Waisen und Witwen;
aber die Gottlosen führt er in die Irre.
Der Herr ist König ewiglich,
dein Gott, Zion, für und für. Halleluja!

Erweitertes Kyrie und Gloria

Herr, du beschenkst uns mit Zeit, Arbeitszeit, freier Zeit, Lebenszeit
– und wir finden oft nicht einmal Zeit, dir zu danken

Alle[2]:

Du beschenkst uns großzügig, aus der Fülle und ohne Verdienst
– wir aber sind oft misstrauisch, ob das Geschenk wohl Bestand hat.

Alle: *Kyrie*

Du beschenkst uns täglich von neuem mit der Vergebung unserer Schuld
– doch wir halten uns immer noch für so großartig, dass wir dich nicht brauchen.

Alle: *Kyrie*

Du beschenkst uns mit dem überwältigenden Geschenk, uns deine Kinder zu nennen
– doch weil wir fragen, was die anderen denken, fehlt uns oft der Mut, uns zu dir zu bekennen.

Alle: *Kyrie*

Du beschenkst immer wieder neu und setzt unsere Füße auf weiten Raum
– aber wir existieren nur hinter der Maske unseres alten Lebens, als sei nichts geschehen.

Alle: *Kyrie*

Gloria-Zusage

Jesus Christus, unser Herr, Bruder und Arzt, spricht:
Ich will kommen und euch gesund machen.
Lob und Preis für diese Zusage.

Lied

Allein Gott in der Höh sei Ehr (EG 179,1)

Evangelium

Präfamen

Nicht immer enthalten diese Gottesdienst-Entwürfe Präfamina. Die GottesdienstbesucherInnen ein wenig zu »führen«, ist jedoch in jedem Gottesdienst wichtig – auch wenn lediglich die so genannte Kerngemeinde anwesend ist.

Wir stellen nur einen Text in den Mittelpunkt:
Die Heilung der zehn Aussätzigen.
Wir werden sehen, wie sie fast alle ihren Dank auf die lange Bank schieben.
Aber Sie wissen ja, die lange Bank ist des Teufels liebstes Möbelstück.
Deshalb ermuntert uns dieser Text dazu, einen anderen Weg zu gehen.
Wir werden die Geschichte hören, wir spielen sie, wir denken uns in die Geheilten hinein.
Dabei werden wir mehr fragen als antworten.

Wir bitten Sie: Lassen Sie sich in die Geschichte hineinziehen. Sie steht bei Lukas im 17. Kapitel.

Lesung

Lk 17,11-19

Apostolisches Glaubensbekenntnis

Lied

Nun lasst uns Gott dem Herren (EG 320, 1-4)

Oder »Nun danket all und bringet Ehr« (EG 322), »Gott, weil er groß ist« (Kanon EG 411), »Ich lobe meinen Gott, der aus der Tiefe mich holt« (EG 585 Regionalteil Niedersachsen und Bremen). Eine besonders schöne Möglichkeit, die allerdings einen Chor oder eine geübte Gemeinde voraussetzt, wäre die Kombination der beiden Chorsätze EG 583 und EG 324.

Pantomime zum Evangelium

Beteiligt sind zehn Personen, die im Anschluss an die Pantomime entsprechend ihrer Rolle einen Text sprechen.
Als Material haben wir benötigt: zehn ausdruckslose weiße Masken (Deko-Laden) und zehn große schwarze Tücher, die lose um Kopf und Schultern geschlungen werden.
Die zehn Gestalten kommen einzeln nacheinander aus der Sakristei oben im Chorraum. Jede Gestalt bewegt sich individuell je nach (vorher festgelegter) Befindlichkeit, zum Beispiel gebeugt, tastend; zwei stützen sich gegenseitig; das Gesicht verbergend, humpelnd, mit Drohgebärden. Dabei werden von der Orgel (Keyboard wäre auch möglich) dissonante, liegende Klänge gespielt, leise, darüber einzelne Töne, wie hinkend, schleichend, stolpernd, suchend.
Die Gestalten gehen die Altartreppen hinunter und umrunden den davor stehenden Abendmahlstisch; in einer Kirche ohne erhöhten Altar wäre es gut, einmal um die Kirchenbänke herum zu gehen. Sie gehen dann in zwei Reihen die Treppen zum Altar hinauf und bleiben auf den Stufen stehen, schauen in Richtung Gemeinde, wie wenn sie auf jemanden warten. Sie strecken ihre Hände aus und verfolgen mit Augen, Händen, Körper den imaginären Weg Jesu durch ihre Mitte hin zum Altar. Dabei wenden sie sich langsam, den Weg Jesu verfolgend, auch dem Altar zu.

Die Gestalten verharren nun in ihrer Bewegung – und die Verwandlung/Heilung geschieht. Nach und nach lassen sie ihre Tücher fallen, schieben die Masken auf ihren Hinterkopf und gehen in verschiedene Richtungen davon.
Nur die/der 10. Geheilte lässt Tuch und *Maske fallen und geht befreit, beschwingt, tanzend zum Altar, fällt auf die Knie, hebt anbetend die Hände und verharrt so während des folgenden Liedes.*

Lied

Ich lobe meinen Gott (EG 272)

Gemeinde:

Vers 1 (EG 272);

Solosänger/in:

Vers 2
Ich danke meinem Gott von ganzem Herzen,
denn er hat mich aus dem Elend gezogen
und heilet Leib und Seele.
Ich danke meinem Gott von ganzem Herzen.
Ja, ich will erzählen von allen deinen Wundern, Halleluja ...

Gemeinde:

Vers 1 (EG 272)

Predigt

Die Rechtfertigungsversuche der Geheilten sind von jedem der Sprecher frei gestaltet – angeregt durch eine kurze Betrachtung von *Johnson Gnanabaranam* »Interview mit den zehn Aussätzigen«, aus: Heute mein Jesus, Erlangen, 3. Aufl. 1983, S.14f. Sie sind von den Frauen bzw. Männern gesprochen worden, die sie verfasst hatten; die Bezeichnungen »Geheilte« bzw. »Geheilter« weisen darauf hin.
Wenn es gelänge, Menschen aus der Gemeinde zu veranlassen, noch persönlicher und konkreter über ihr Leiden, ihre Heilung und ihren Dank oder Undank zu sprechen, könnte eine solche Predigtform noch tiefer dringen.

Die neun anderen Geheilten, die – nachdem sie sich in alle Winde zerstreut hatten – für die Gemeinde nicht sichtbar hinter dem Altar standen, treten nun einzeln ans Mikrofon und erklären, warum sie nicht gedankt haben.

Wenn sie jeweils ihren Text gesprochen haben, stellen sie sich in einer Reihe im Altarraum auf, mit dem Gesicht zum Altar, sodass man ihren Rücken sieht, die Maske auf dem Hinterkopf, also gleichsam gesichtslos der Gemeinde zugewandt.

1. Geheilte:

Warum ich nicht gedankt habe?
Ich musste mich doch erst einmal meiner Familie zeigen!
Können Sie sich vorstellen, was ich ausgestanden hatte?
Nicht einmal einen Kuss hatte ich meinem Mann zum Abschied geben können ...
Und als ich dann mit den anderen Kranken zusammen war, habe ich mich nach nichts so sehr gesehnt wie nach einer Umarmung meines Mannes, nach einem Essen mit der ganzen Familie, nach den guten Gesprächen mit unseren Freunden.
Und plötzlich war ich geheilt! Geheilt!
Verstehen Sie nicht, dass ich nichts anderes im Kopf hatte, als endlich wieder heimzukommen zu meiner Familie.
Wir fielen uns um den Hals und tanzten vor Freude. Und erzählten, erzählten ...
Erst nach einiger Zeit fiel mir Jesus wieder ein.
Ich wollte ihn zu einem Festessen einladen.
Aber er war schon weitergegangen.
(kleine Pause)

2. Geheilte:

Aber natürlich will ich Jesus danken. Habe ja allen Grund dazu.
Ich bin wieder gesund, mir geht es gut!
Für mich als gläubigen Menschen ist der Dank an Gott und ein »Dankeschön« an meinen Nächsten an sich eine Selbstverständlichkeit.
Und deshalb wollte ich Jesus eigentlich auch sofort für die Heilung danken.
Aber dann sah ich den Samaritaner, den er auch geheilt hatte:
Sollte ich etwa gleichzeitig mit dem zu ihm gehen?
Sollte ich mich etwa mit solchen Typen gemein machen?
Nein, das kam gar nicht infrage.
Lieber wollte ich einmal ganz allein zu ihm gehen und ihm danken.
Auch etwas Geld wollte ich ihm bringen.

Aber da war er schon weitergezogen – mit Zöllnern und Samaritanern.
(kleine Pause)

3. Geheilter:

Endlich geheilt! Wie schön, wieder gesund zu sein.
Eigentlich müsste ich ja Gott dafür danken.
Doch so, mit leeren Händen, kann ich unmöglich vor ihn treten.
Und als armer Mann kann man nun einmal kein Geschenk aufbringen.
Ach, was soll's auch!? Ihm gehört doch die ganze Welt.
Selbst ich gehöre ihm.
Wozu braucht er da noch meinen Dank!
(kleine Pause)

4. Geheilter:

Ich bin überhaupt nicht undankbar. Ich wollte mich ja bedanken.
Aber ich wusste doch damals noch gar nicht, ob diese grausame Krankheit für immer verschwunden sein würde.
Hätten Sie mir das garantieren können?
Der Priester hatte zwar zu mir gesagt, ich sei völlig gesund.
Aber Sie wissen ja, wie das ist, auch der kann sich irren, das ist doch auch nur ein Mensch.
Deshalb wollte ich erst einmal einige Zeit abwarten.
Ich bin ein vorsichtiger Mensch.
Bevor ich etwas sage und erst recht bevor ich etwas tue, überlege ich mir die Angelegenheit genau.
Aber undankbar? Undankbar? Ich doch nicht!
(kleine Pause)

5. Geheilte:

Der Samaritaner war umgekehrt, um Jesus für die Heilung zu danken.
Beinahe wäre ich mitgegangen.
Ich war doch auch glücklich, nicht mehr aussätzig zu sein.
Das wollte ich Jesus eigentlich sagen. Ich wollte ihm sagen, dass mein Leben wieder Sinn hat, mir wieder alles offen steht.
Es war nicht meine Scham, mich vor den anderen bloßstellen zu müssen.
Nein, ich hatte einfach Angst.

Angst vor der Begegnung.
Angst, meine Gefühle zu zeigen. Und auch meine Schuld?!
So ging ich gar nicht erst hin.
Ich will meine Krankheit schnell vergessen
und nicht mehr daran erinnert werden.
(kleine Pause)

6. Geheilter:

Eigentlich wollte ich Jesus danken – aber mir fiel ein, *dass er für das Gute, das er den Vielen tut, gar keinen Dank erwartet.*
Da unterließ ich es auch ...
Sie finden das nicht so toll??
Aber so bin ich eben. Ich nehme die Menschen ernst.
Hat Jesus nicht oft genug gesagt: »Sagt niemandem etwas!«?
Daran halte ich mich.
Sie meinen, ich sei undankbar? Aber warum denn?
Ich habe mein Dankopfer im Tempel bezahlt.
Und Jesus habe ich in meine Gebete eingeschlossen – abends, vor dem Einschlafen.
Das muss nun reichen.
Ich glaube auch, Jesus erwartet gar nicht mehr von mir.
Bei den Vielen, denen er hilft, da hat er mich doch schon längst vergessen.
Ich kann doch nicht ständig »Danke, danke« rufend durchs Leben gehen!
Das Leben geht schließlich weiter – auch für ihn und für mich!
(kleine Pause)

7. Geheilte:

Ich bin ja sonst nicht undankbar.
Aber ihr könnt euch gar nicht vorstellen, was bei uns zu Hause los war.
Erst wollten sie mich gar nicht ins Haus lassen.
Dann wollten sie immer und immer wieder meine Hände sehen, alle wollten mich berühren.
Und immer wieder musste ich die Geschichte mit Jesus erzählen.
Es war so ein Trubel! Nicht nur meine Verwandten, auch die Nachbarn kamen.
Alle wollten mit mir reden, mich berühren.

Und ich sage euch: Auch ich war doch überglücklich über meine Heilung.
Endlich durfte ich wieder unter meinen Freunden und Verwandten sein.
Mit denen musste ich doch meine Freude teilen.
Für die musste ich doch erst einmal da sein.
Als ich ein wenig zur Ruhe gekommen war, fiel mir ein, dass ich Jesus noch gar nicht gedankt hatte. Ich hatte es doch glatt vergessen.
(kleine Pause)

8. Geheilter:

Finden Sie denn, dass ich es nötig hatte, mich zu bedanken?
Ich hatte es mir doch wirklich ehrlich verdient, endlich von dieser Plage befreit zu werden.
Oder?
Wenn man sich so abmüht wie ich,
immer alle Gebote erfüllt,
jedes Jahr zum Passafest nach Jerusalem pilgert,
alle Waschungen, die unser Gesetz vorschreibt, genauestens vornimmt,
am Sabbat niemals einen Finger zur Arbeit rührt?
Redlich verdient hatte ich es mir, geheilt zu werden. Redlich!
Und deshalb habe ich mich *nicht* bedankt
(kleine Pause)

9. Geheilte:

Mein erster Gedanke war:
Ich wollte zu Jesus zurück. Hin zu ihm, ihm auf den Knien danken!
Gleichzeitig war ich vor Sprachlosigkeit wie gelähmt – ich – geheilt – geheilt –
am ganzen Körper – nicht mehr entstellt und dadurch ins Abseits getrieben.
Aber ich falle nicht so gern auf.
Ich schaute deshalb erst einmal, was die anderen machten.
Einer schaute und tastete misstrauisch an sich herum, als traue er der Heilung nicht.
Ein anderer hatte es ganz eilig, mit seinen Freunden zu einem Freudenfest zu kommen.

Einer tönte sogar herum, er habe sich die Heilung verdient.
Ein anderer murmelte etwas von einem Geschenk für Jesus, das er erst suchen müsse.
Und einer verdrückte sich, als schämte er sich, jemals aussätzig gewesen zu sein.
Die hatten wohl alle ihre Gründe, nicht zu danken! Sollte ich da als Einziger hingehen?
Nein, aus der Reihe tanzen wollte ich nun auch nicht.
Allerdings – der Samaritaner lief sofort zu Jesus zurück.
(Pause)

10. Geheilte:

Die/Der 10. Geheilte – kniend beginnend, dann aufstehend, die Mauer der mit Ausreden und Erklärungen »Maskierten« durchbrechend – spricht den folgenden Text und geht dabei auf die Gemeinde zu:

Mein Gott, wie oft habe ich auf den Knien gelegen und gebetet.
Wie oft habe ich verzweifelt gefleht: Heile mich, befreie mich von dem,
was mich zur Aussätzigen macht.
Nun bin ich rein, befreit zum Leben.
Ich danke dir, mein Gott.
Jeder neue Atemzug ist ein Dank an dich.
Jeder neue Dank gibt mir Kraft für den nächsten Schritt.
Jeder neue Schritt ist ein Schritt mit dir ...
Kommt, dankt mit mir und singt:

Lied

Danket, danket dem Herrn (EG 336) als Kanon

Gut passt hier auch das Lied »Danket dem Herrn« (EG 333).

Fürbittengebet

Ein anderes Gebet, das man hier gut wählen könnte, wäre »Wir haben unser Auskommen« (siehe Textanhang).

Hilf uns, du schenkender Gott,
alle diese Geschenke wieder zu entdecken
und mit unserem Leben zu beantworten:
dass wir uns nicht unserer leeren Hände schämen,

sondern sie dir erwartungsvoll entgegenstrecken;
dass wir deine Gaben und Verheißungen
nicht mit spitzen Fingern anfassen,
sondern sie freudig ergreifen und auf sie bauen;
dass wir uns nicht scheuen, zu unserer Schuld zu stehen,
sondern uns freuen, dass du sie vergibst;
dass wir nicht mit unserer Zeit geizen,
sondern sie dir zurückschenken;
dass wir uns nicht hochmütig
von den Andersdenkenden und Andersglaubenden abschotten,
sondern an ihrer Seite gehen
– als deine beschenkten Kinder.

Vaterunser

Lied

Nun danket alle Gott (EG 321,1)

Aaronitischer Segen

Orgelnachspiel

Die Gemeinde wird eingeladen, sitzen zu bleiben.

Anmerkungen

1. Gottesdienst am 14. Sonntag nach Trinitatis 1997 in der Kirchengemeinde zum Markt in Goslar.
2. Aus: *Gottesklang*. Das kleine Liederbuch, Kreuz Verlag (Gottesdienstbegleiter des Kirchentages 1999 in Stuttgart).
3. Vers 2 ist von einer Mitarbeiterin in Anlehnung an die anderen Verse verfasst worden.
   Eine andere Fassung des Liedes ist veröffentlicht im *Gottesklang,* Das kleine Liederbuch, Kreuz Verlag (Gottesdienstbegleiter des Kirchentages 1999 in Stuttgart) und ist in diesem Buch im Gottesdienst-Entwurf »Visionen? Visionen!« abgedruckt.

Geist und Gaben – Pfingsten

Ich erinnere mich an den Gottesdienst[1]*:*

Dies war der erste Gottesdienst, den unsere Gruppe gemeinsam vorbereitet hat. Es war für uns Neuland. Wie würde die Gemeinde reagieren?

Pfingsten, der Geburtstag unserer Kirche. Zum Geburtstag gehören auch Wünsche und Geschenke. Einen Gottesdienst gemeinsam vorbereiten und schließlich gemeinsam mit der Gemeinde feiern, das war ein lang gehegter Wunsch aller Montagsliturgen gewesen. Wie Gottes Geist Gaben weckt und zusammenführt – das sollte in diesem Gottesdienst deutlich werden. Die herausfordernde Dialogpredigt, bei der auch gelacht werden durfte, war ein Teil dieses Versuches. Ein anderer waren die »Flammen der Liebe«, die die Gemeinde intensiv beteiligten.

Alle ließen sich einbeziehen: die Kantorei, die Organistin, die Liturgen und vor allem die Gemeinde. »Wir sind der Leib …« – das wurde hier deutlich, ein Pfingstgeschenk für uns alle.

Karl-Alfred Werner

Begrüßung an der Kirchentür

Gottesdienstblatt, Liederzettel und eine ausgeschnittene Flamme werden verteilt.

Orgelvorspiel

Einziehen und Aufstellen der LektorInnen/PrädikantInnen

Begrüßung

alle vor der Gemeinde

Pfingsten – aus allen Ecken und Enden der Welt strömten sie zusammen –
damals, 50 Tage nach Ostern.
Und sie trafen sich und wurden eine Gemeinschaft der Heiligen – die Kirche.
Das feiern wir heute.
Nicht aus allen Ecken und Enden der Welt, aber doch immerhin aus allen Ecken und Enden unserer Propstei sind sie heute zusammengeströmt, die Lektorinnen und Lektoren, Prädikantinnen und Prädikanten, um mit uns gemeinsam heute diesen Gottesdienst zu gestalten und zu feiern. Mit ganz herzlichem Dank und wirklich großer Freude begrüße ich ... (es folgen die Namen der Mitarbeiter).
Wir feiern diesen Gottesdienst im Namen des Vaters und des Sohnes und des Heiligen Geistes – Amen.

»Komm, Heilger Geist, mit deiner Kraft, die uns verbindet und Leben schafft.«
Wenn Sie mögen, dürfen Sie mitsingen, Sie dürfen sich aber auch vorsingen lassen.

Lied

Komm, Heilger Geist, mit deiner Kraft (siehe Liedanhang)

Psalm 1 im Wechsel (EG 702)

Wenn man in der Gemeinde ein kleines Gesangs-Ensemble oder ein paar beherzte SängerInnnen hat, kann im Anschluss an die Lesung des Psalms der folgende zweistimmige Chorsatz gesungen werden: »Wohl dem, der nicht wandelt«, Melodie und Satz von Peter Strauch (siehe Liedanhang). Dann wird aber wohl das vorher gesungene Lied weichen müssen.

Wohl dem, der nicht wandelt im Rat der Gottlosen
noch tritt auf den Weg der Sünder
noch sitzt, wo die Spötter sitzen,

sondern hat Lust am Gesetz des Herrn
und sinnt über seinem Gesetz Tag und Nacht!
Der ist wie ein Baum, gepflanzt an den Wasserbächen,
der seine Frucht bringt zu seiner Zeit,
und seine Blätter verwelken nicht.
Und was er macht, das gerät wohl.
Aber so sind die Gottlosen nicht,
sondern wie Spreu, die der Wind verstreut.
Darum bestehen die Gottlosen nicht im Gericht
noch die Sünder in der Gemeinde der Gerechten.
Denn der Herr kennt den Weg der Gerechten,
aber der Gottlosen Weg vergeht.

Lied

Sonne der Gerechtigkeit (EG 262,1-3.7)

Schön wäre es, wenn sich die Gemeinden (oder muss man sagen: die PfarrerInnen?) auch einmal an neuere Pfingstlieder heranwagten, zum Beispiel »Komm, heiliger Geist, der Leben schafft« (EG 552 Regionalteil Niedersachsen und Bremen). Die Angst, dass die Gemeinde nicht mitginge, ist meist unbegründet. Keinerlei Schwierigkeiten dürfte bei solchen Versuchen das Erzähllied »Am hellen Tag kam Jesu Geist« (EG 554) mit seiner schlichten Fröhlichkeit machen.

Eingangsliturgie nach Agende

Kollektengebet

Komm, Heiliger Geist,
entzünde in uns das Feuer deiner göttlichen Liebe.
Wo du bist, da ist Leben: Tote stehen auf,
Schuldige werden frei, Schwache gestärkt, Traurige getröstet.
Komm, Heiliger Geist,
führe uns vom Irrtum zur Klarheit,
vom Nichtigen zum Wesentlichen und mach uns bereit, auf dich zu hören.
Komm, Heiliger Geist,
schließe uns zu deiner Gemeinde zusammen,
die dich anbetet, erfüllt mit lebendiger Hoffnung,
heute und allezeit.
Amen.

Evangelium

Mt 16, 13-18

Apostolisches Glaubensbekenntnis

Lied

Herr, füll mich neu (siehe Liedanhang)

Wie fast alle Lieder der Jesus-Bruderschaft singt sich auch dieses ausgezeichnet mit Gitarrenbegleitung.

Dialog-Predigt

A: Hallo! Herzlichen Glückwunsch zum Geburtstag!

B: Was meinst du?

A: Herzlichen Glückwunsch zum Geburtstag, sagte ich.

B: Sag mal, was redest du denn da? Ich habe doch heute nicht Geburtstag.

A: Ich meine ja auch nicht dich persönlich. Ich meine den Geburtstag der Gemeinde Jesu. Die *hat* Pfingsten Geburtstag.

B: Ach so! Ja, aber das ist ziemlich lange her. Oder?

A: Lange her schon. Aber es wiederholt sich jedes Jahr. Und wir haben jedes Jahr wieder neuen Grund, daran zu denken und etwas daraus zu machen.

B: Na, weißt du, wenn ich unsere Gemeinden so ansehe. Fast alle ziemlich dröge und nichts los. Aus denen was machen! Das habe ich schon lange aufgegeben.

A: Eben.

B: Was »eben«?

A: Du hast aufgegeben. Viele andere haben aufgegeben. Aufgegeben, noch etwas aus der Gemeinde zu machen.
Das müsste anders werden. Pfingsten soll das anders werden. Gott will uns gerade Pfingsten sagen, dass er uns alle Mittel, alle Begabungen gegeben hat, damit wir unsere Gemeinde immer wieder neu beleben können.

B: Also da soll doch erstmal unser Pastor, also wenn ich den ...

Nee, nee, mein Lieber, nicht um unseren Pastor geht es. Es geht um unsere Gemeinde. Das sind wir alle. Wir alle sollen bei uns selbst anfangen.

Aber wie sollen wir denn das machen? Ich glaube, mit unseren bescheidenen Möglichkeiten wird das nichts. Sieh dir doch mal an, was wir in unsren Gemeinden schon alles versucht haben, um etwas Leben rein zu bringen: Beatkonzerte, Skatabende, Schachturniere. (Manchmal hat man dabei sogar noch etwas von der Botschaft gehört) ... Jedenfalls hat es nicht viel gebracht.

Da bin ich nicht sicher. Aber Recht hast du wohl, wenn du sagst, mit unseren Kräften geht es nicht. Jedenfalls nicht allein ... Aber *ohne* unseren Einsatz geht es auch nicht. ... Ich bin selbst etwas ratlos, wie es weitergehen soll ...

B: Siehste, nun bist du auch mal ratlos. Ich habe ja gleich gesagt, mit der Kirche geht es bergab ...
Allerdings, wenn ich mir das anhöre, was vorhin vorgelesen wurde. Was Paulus der Gemeinde in Ephesus ins Stammbuch geschrieben hat. Dann merke ich, dass das ja schon immer so war. Paulus musste seine Leute auch aufmuntern. Er nennt sie zwar »Heilige«, aber so toll war das mit denen auch nicht.

A: Also, damit das erst mal klar ist, mit »Heiligen« ...

Ja ja, ich weiß, mit »Heiligen« meint er gar nicht solche frommen Supertypen. Sondern mit »Heiligen« meint er Leute, die Gott gehören, die ihm ihr Leben anvertrauen, die aus seiner Hand leben. Heilig ist, was Gott gehört.

Genau: Die Menschen sind gemeint, die Jesus Christus ihr Leben anvertraut haben und die das immer wieder neu tun.
Nur denen kann Paulus überhaupt solche Vorschläge machen: *Wir wollen uns – von der Liebe geleitet – an die Wahrheit halten und in allem wachsen, bis wir ihn erreicht haben. Er, Christus, ist das Haupt. Durch ihn wird der ganze Leib zusammengefügt und gefestigt in jedem einzelnen Gelenk.*

Halt, halt, das geht mir viel zu schnell. Lass uns doch mal langsam anfangen.

B: Paulus spricht vorher von dem Leib Christi, der aufgebaut werden soll. Damit meint er ja wohl die Gemeinde, richtig?

A: Ja, richtig. Das Ziel ist, dass wir in der Gemeinde zur Einheit im Glauben gelangen und Jesus nachfolgen.
Er sagt: Jesus will uns ... *rüsten für den Aufbau des Leibes Christi. So sollen wir alle zur Einheit im Glauben und in der Erkenntnis des Sohnes Gottes gelangen, damit wir zum vollkommenen Menschen werden und Christus in seiner vollendeten Gestalt darstellen.*

Mann o Mann!

Was sagst du?

Das ist mir viel zu hochgestochen. Glaubst, dass das einer von den Leuten hier versteht? Also irgendwie geht es ja wohl um das, was jeder Christ einbringen kann in die Gemeinde? Um Gaben, nicht? Aber die gibt es doch auch nicht wie Steine in unserem Fluss? Wo sollen denn alle die Begabungen herkommen, die wir in der Gemeinde brauchen?

Sie sind ja da!

Sie sind da? Wo denn? Ich sehe nichts. Na ja, Die Meike spielt ganz nett Gitarre und du singst eher laut als schön im Chor. Eberhardt hat im Jugendkreis schon mal ne Andacht gemacht – besser hätte ich es auch nicht gekonnt.

B: Aber *alle* Gaben, die eine Gemeinde braucht, sind auch da? Da müsste ja jeder von uns was können.

A: Kann er auch. Kann sie auch. *Keiner geht leer aus.* Das kannst du dir mal merken.
Das ist es auch, was Paulus an dieser Stelle sagen will. Jeder von uns ist bei der Gabenverteilung durch Gott bedacht worden. Ja, guck nicht so entgeistert. *Auch du.* Deine Meckerei ist allerdings nicht gemeint.

(murmelt etwas Unverständliches)

Was sagst du?

Ich finde, wenn ich mich schon auf so ein schwieriges Gespräch mit dir einlasse, dann ist das doch ein Zeichen, dass ich ...

... dass du auch Gaben hast. Ja, genauso ist es. Zum Beispiel hast du, wenn du sie positiv einsetzt, die Gabe der Kritik. Manche unserer Gemeinden sterben daran, dass niemand Kritik übt – jedenfalls nicht offen. Paulus spricht von einem lebendigen Leib, nicht von einem toten. Dazu gehört auch liebevolle Kritik. Es gibt ja so manch eine heilige Kuh in unseren Gemeinden, die durch eine liebevolle Kritik wieder in eine gute Milchkuh verwandelt werden könnte.

Und so manchen heiligen Ochsen. Wenn ich zum Beispiel dran denke, wie kürzlich dieser Ochse von ...

A: Liebevolle Kritik, sagte ich. Üb doch mal *diese* Gabe, dann hat deine Gemeinde was davon. Ich finde, wir sollten überhaupt mal gemeinsam ganz konkret überlegen, welche Gaben es sonst noch in der Gemeinde gibt. In dem Text heißt es doch, Jesus Christus hat einige als Apostel eingesetzt, einige als Propheten, einige als Hirten und Lehrer.

B: Also, Apostel habe ich hier noch seltener gesehen ... Und auch Propheten treffe ich hier nie. Soll denn das Leben der Gemeinde davon abhängen, dass es solche besonders begnadeten Leute gibt?

Nein, nein. Du musst nicht nur an die 12 Apostel oder an Paulus und seine Mitarbeiter denken – nicht nur an Leute, die eine ganz besondere Berufung und eine riesige geistliche Vollmacht haben. Ich denke mir, Gott freut sich über jeden – ich sage mal – kleinen Apostel. Er freut sich über jeden, der seine Gabe, Menschen anzusprechen, mit ihnen klar zu reden – der diese Gabe auch einsetzt, damit die Leute was von Jesus hören.

Ja, wenn das so ist, dann könnte ja solche Apostel-Teil-Aufgaben auch einer übernehmen, der gut singen kann und der damit etwas von der Botschaft weitergibt. Oder eine, die so ein bisschen schauspielert, könnte ja mal mitwirken, wenn das

B: Evangelium vorgelesen wird. Nein, nicht vorgelesen, sondern vorgespielt.

A: ... und wer die Gabe hat zuzuhören, kann Leute besuchen, die allein sind.

... und die Gabe zu lehren haben ja nicht nur die Lehrer, nicht wahr? Warum sollten denn nicht alle die anderen, die das auch können, diese Fähigkeit in der Gemeinde einsetzen?

Ja. Und trösten! Es gibt Menschen, die wunderbar trösten können, vielleicht, weil sie selbst Leid erfahren haben; für sie gibt es in der Gemeinde ein reiches Betätigungsfeld.

... und wem Zeit geschenkt ist, der kann beten, für die Kranken und für die Gemeinde und für den Pastor beten. Mein lieber Mann, was wäre das für eine Gemeinde, in der viele füreinander beten!

Und wer die Gabe hat, seinen Glauben auch beherzt in die Tat umzusetzen, der kann anderen, die noch fragen und suchen, ein glaubwürdiges Beispiel vorleben.

... und wer einen scharfen Verstand und die Gabe hat, die Geister unserer Zeit zu unterscheiden, der kann vielleicht in der Gemeinde ein wenig Aufklärung über den Zeitgeist, über die Esoterik, über Sekten leisten, über alles das, was Paulus hier »Betrug der Menschen« nennt.

A: Ja, und wer handwerklich geschickt ist, kann mithelfen, den Gemeinderaum zu renovieren – damit es unser Gemeinderaum wird.

B: ... und wer einen ordentlichen Kuchen backen kann, der soll das tun, damit es in den Gruppen nicht immer nur trockene Kekse gibt.

Na hör mal, ist das nicht ein bisschen unernst?

Finde ich gar nicht. Unser Leib ist auch eine Gabe Gottes. Und es gibt Menschen, die eine wunderbare Begabung haben, liebevoll für das leibliche Wohl anderer zu sorgen. Auch das wird in jeder Gemeinde gebraucht.

(zur Gemeinde gewandt): Fällt euch auch noch was ein? Schreibt es doch einfach mal auf eure Flamme!

Langsam. Du kannst die Leute doch nicht einfach so ansprechen und auffordern. Meinst du, dass die wirklich was aufschreiben?

Klar! Keiner geht bei Gottes Gabenverteilung leer aus. Gottes Geist selbst will sich eine sehr stabile und gleichzeitig belebende Grundlage für die Gemeinde schaffen.

Aber ich habe doch schon so oft gehört, dass die Leute sagen: »Och, mich können die ja doch nicht gebrauchen. Mit dem bisschen, was ich kann.«

B: Eigentlich finde ich das auch schlimm: Denn wenn die Gemeinden hungern, können wir eigentlich nicht unsere Vorräte verstecken. Oder?

A: Genauso ist es. Keiner ist überflüssig. Oder positiv gesagt: Jeder von uns kann etwas in die Gemeinde einbringen.
Keiner hat alles. Aber jeder hat etwas.
Jeder ist von Gott beschenkt und begabt. Manchmal noch versteckt und noch nicht entfaltet, aber immer reich beschenkt. *(zur Gemeinde gewandt)* Oder glaubt ihr vielleicht, Gott ist so knickerig, dass er einen von euch bei der Gabenverteilung übersehen hätte?

Mensch, jetzt fängst du schon wieder an. Hau nicht so auf den Putz, sonst kommen die nicht wieder.
Sonst denken die, sie müssten nun immer hier vorne was machen: vorlesen, singen, laut beten oder so.

Sollen sie ja gar nicht. Sie sollen nur mal herausfinden, dass Gott ihnen auch eine kleine oder große Gabe geschenkt hat, die sie in die Gemeinde einbringen könnten.

Und dann sollen sie aufstehen und das laut sagen? Du glaubst doch wohl nicht im Ernst ...

Nein, so nicht.
Ich denke, für den Anfang genügt es, wenn wir alle einmal

A: nachdenken ... Und wer Lust hat, schreibt auf seine Flamme drauf, was sie oder er in die Gemeinde einbringen könnte. Und dann können wir das hier vorn dran kleben.
(geht zu dem Kreuz aus Menschen und Flammen, das im Altarraum angebracht ist, ca. 100x100 cm)

Sieh mal hier.
Menschen bilden die Gemeinde. Und das Kreuz. Das ist sozusagen das Rückgrat des Gemeindeleibes.

B: Ah, ich verstehe. Und die Flammen?
... Ja, natürlich, der Geist Gottes will jede von uns, jeden von uns mit seinen Gaben anstecken und einbauen in die große Aufgabe, die wir haben. Und auf unser Gemeindekreuz passen ja noch ziemlich viele kleine und große Gaben drauf.
(zur Gemeinde gewandt)
Glaubt ihr das nicht auch?

B: *(kleine Pause)* Allerdings ...

A: Was denn nun schon wieder? Manchmal finde ich, du stehst dir selbst im Weg mit deinen vielen Einwänden!

B: Ach, ich fürchte, das geht manchen Leuten zu schnell. Und manche wagen so etwas gar nicht gleich.
Jesus möchte doch bestimmt, dass wir ganz behutsam und langsam in diesen Leib eingebaut werden?! Oder?

A: Ja, natürlich! Da hast du Recht. Erinnerst du dich noch an unsere beiden Kernsätze?

B: Ja, erstens: *Keiner geht leer aus.* Und zweitens: *Keiner ist überflüssig*.

A: Genau, und da müssen wir jetzt noch einen dritten Satz hinzufügen, nämlich:
Keiner ist allein.
Paulus spricht davon, dass wir alle zusammen ein Leib sind, und dass das Haupt dieses Leibes Christus ist. Dass ein Glied am anderen hängt, eines vom anderen abhängt. Jeder unterstützt den anderen. Alle Gaben zusammen machen den Leib aus.
Und deshalb gibt's da auch keinen Stress. Und es gibt keine Blamage – da gibt es nur die Freude, dass wir mitmachen dürfen in der Gemeinde, ja eigentlich schon an Gottes Reich mitbauen. Weil Jesus Christus uns alle liebt und alle braucht.

B: Ja, wenn das so ist, dann können alle mitmachen.
Mich beruhigt, dass es nicht irgendein Zwang ist, der uns zusammenhält – womöglich das Kirchengesetz oder das Landeskirchenamt. Sondern Jesus Christus ist der, der uns alle verbindet. So wie er uns geliebt hat, so sollen wir einander lieben ...

A: ... und miteinander leben und umgehen.
Und auch miteinander arbeiten in der Gemeinde.
Dann ist Jesus Christus mit seinem Geist unter uns.

Dann sind wir kraftvolle, mündige Christen, die miteinander im Glauben wachsen.

Dann ist Pfingsten.
Und deshalb: Herzlichen Glückwunsch!

(zur Gemeinde gewandt)
Ja, liebe, begabte Gemeinde, herzlichen Glückwunsch zu Ihrem, zu eurem Festtag!

Ja, und vielleicht können wir ihn ja gemeinsam noch etwas ausschmücken. Welche Fähigkeiten, welche Begabungen wärmen Ihr, wärmen euer Herz? Wenn Sie Lust haben, noch einmal die Aufforderung: Schreiben Sie sie auf Ihre Flamme drauf. Und wenn Sie mögen, kommen Sie während der folgenden Musik einfach nach vorn. Kommen Sie mit Ihrer Flamme, nehmen Sie ein bisschen Klebstoff und heften Sie

dann Ihre Flamme hier vorn an.
Sehen Sie, es geht ganz unkompliziert.

Meditative Musik

Die Gottesdienstbesucher haben Gelegenheit, die Flammen mit ihrem Gedanken/Bitten zu einzelnen Gaben anzuheften.

Lied

Einer hat uns angesteckt (siehe Liedanhang)

Abkündigungen

Fürbittengebet

Es bietet sich an, beim Fürbittengebet *alle* Mitwirkenden zu beteiligen, um sinnfällig die Einheit auch hier deutlich zu machen. Hier gibt es natürlich auch andere Gestaltungsmöglichkeiten.

1. SprecherIn:

Gott, du lebst auf unter uns,
wenn unsere Gemeinde lebt.
Wir sind aufeinander angewiesen
und brauchen Menschen, die uns lieb haben.
Allein geht es uns schlecht.
Wir bitten, guter Gott, um deinen Geist:

Alle: Kyrie eleison EG178.9

2. SprecherIn:

Lass uns in unserer Gemeinde
die vielfältigen Begabungen entdecken,
die in uns stecken.
Lass sie so zur Geltung kommen,
dass wir uns in unserer Gemeinde zu Hause fühlen
wie in einem blühenden Garten.
Wir bitten, guter Gott, um deinen Geist:

Alle: Kyrie eleison EG 178.9

3. SprecherIn:

Mache den Jungen Lust,
in ihrem Leben auf die Weisheit der Alten zu achten,
und halte die Alten in Bewegung,
vielleicht sogar angeregt durch die Jungen.
Hilf den Eltern, mit ihren Kindern
das Leben neu zu entdecken.
Wir bitten, guter Gott, um deinen Geist:

Alle: Kyrie eleison EG 178.9

4. SprecherIn:

Den Kranken schaffe Hilfe durch die Gesunden.
Lass die Traurigen unter uns Geborgenheit finden.
Öffne unsere Türen für die, die uns fremd geworden sind.
Wir bitten, guter Gott, um deinen Geist:

Alle: Kyrie eleison 178.9

5. SprecherIn:

Gott,
hab Dank dafür, dass du uns so viele Gaben geschenkt hast.
Mit ihnen kann unsere Gemeinde
zu einer fröhlichen und lebendigen Gemeinschaft werden.
Und höre einen jeden und eine jede von uns an,
wenn wir dir in der Stille sagen, was uns bewegt.

Stilles Gebet

6. SprecherIn:

Guter Gott,
bring uns näher zu deinem Geist der Liebe,
wenn wir nun gemeinsam
mit den Worten deines Sohnes
zu dir beten:

Vaterunser

Lied

Komm, Herr, segne uns (EG 170)

Aaronitischer Segen

Orgelnachspiel

(Die Gemeinde wird eingeladen, sitzen zu bleiben)

Verabschiedung an der Tür

Anmerkung

1. Gottesdienst am 2. Pfingsttag 1994 in Goslar-Oker (Martin-Luther-Gemeinde).

Visionen? – Visionen!

Ich erinnere mich an den Gottesdienst[1]:

Die Verheißungen der Bibel scheinen uns manchmal fern der Realität. Visionen? Das ist doch etwas für Traumtänzer! Geheilt, die zerbrochenen Herzens sind? Unsere Alltagserfahrung lehrt uns anderes! Den Herrn loben? Wofür denn, wenn eine Katastrophe die andere jagt?

Wir lassen deshalb in diesem Gottesdienst dem hoffnungsvollen Eingangspsalm 147 sogleich im Kyrie die heftigen Einwände folgen, die sich uns oft genug aufdrängen. Dass wir zu Gott schreien dürfen, wird (gerade im Kyrie) zu oft vergessen. Das »Trotzdem« des Glaubens wird mit dem Lobpreislied »Ich lobe meinen Gott« (EG 272) ausgedrückt. So kann man vielleicht mit offenem Herzen hören, wie im Evangelium (Mk 7,31-37) die Hoffnung auf Gottes Heilungswillen kraftvoll belebt wird. Dem Lied »Hilf, Herr meines Lebens« (EG 419,1-5), das unser Leben zwischen Hilfebedürftigkeit und Verheißung nochmals in Worte fasst, folgt der prophetische Text aus Jes 29,17ff, der in einer Dialogpredigt (hier besonders geeignet) bedacht wird: Im Alltag Gottes Atem zu spüren, uns die Sinne öffnen zu lassen für unsere Gaben und Möglichkeiten, die kleinen Hoffnungszeichen zu sehen, die winzigen Schritte in Jesu Spur zu gehen – darauf will die Predigt den Blick lenken. Dass es dafür genug Ansätze in unserer ganz alltäglichen Plackerei gibt, zeigt ein Erfahrungsbericht.

Hans W. Schünemann

Ein Gespräch im Anschluss, an dem sich fast alle Besucherinnen und Besucher beteiligten, hat uns gezeigt, dass die meisten Menschen neuen Formen des Gottesdienstes sehr aufgeschlossen folgen, sie zumindest wohlwollend beschnuppern. Umso deutlicher wurden von zwei Gesprächsteilnehmern, denen die alte Form vertraut und lieb ist, auch Einwände vorgebracht. Solche Besucher müssen bei neuen Gottesdienstformen gleichsam in einer umsichtig-liebevollen Balance mitgenommen werden.

(Die Gottesdienstbesucher erhalten ein Blatt mit dem Text des Psalms 147,1-14, der im Wechsel gesprochen werden soll, und dem Text des Liedes »Ich lobe meinen Gott« in der Fassung, die in diesem Gottesdienst gesungen wird.)

Orgelvorspiel

Lied

Nun steht in Laub und Blüte (EG 641,1-3 Regionalteil Niedersachsen und Bremen)

Dies wegen der Jahreszeit gewählte fröhliche Lied könnte auch ersetzt werden durch »Gott gab uns Atem« (EG 432) oder »Du hast uns, Herr, gerufen« (EG 168,1-3), dessen letzte Verse den Abschluss des Gottesdienstes bilden.

Begrüßung und Einleitung

Sie kann kurz aufnehmen, was in dem Einleitungstext »Ich erinnere mich« angedeutet wurde. Gut ein fügt sich hier der Wochenspruch: *Das geknickte Rohr wird er nicht zerbrechen und den glimmenden Docht wird er nicht auslöschen* (Jesaja 42,3).

Psalm im Wechsel mit der Gemeinde (Ps 147)

Halleluja! Lobet den HERRN!
Denn unsern Gott loben, das ist ein köstlich Ding,
ihn loben ist lieblich und schön.

> Der HERR baut Jerusalem auf
> und bringt zusammen die Verstreuten Israels.
> Er heilt, die zerbrochenen Herzens sind,
> und verbindet ihre Wunden.
> Er zählt die Sterne und nennt sie alle mit Namen.

Unser Herr ist groß und von großer Kraft,
und unbegreiflich ist, wie er regiert.
Der HERR richtet die Elenden auf
und stößt die Gottlosen zu Boden.

Singt dem HERRN ein Danklied
und lobt unsern Gott mit Harfen,
der den Himmel mit Wolken bedeckt
und Regen gibt auf Erden;
der Gras auf den Bergen wachsen lässt,
der dem Vieh sein Futter gibt,
den jungen Raben,
die zu ihm rufen.

Er hat keine Freude an der Stärke des Rosses
und kein Gefallen an den Schenkeln des Mannes.

Der HERR hat Gefallen an denen, die ihn fürchten,
die auf seine Güte hoffen.
Preise, Jerusalem, den HERRN, lobe, Zion, deinen Gott!

Denn er macht fest die Riegel deiner Tore
und segnet deine Kinder in deiner Mitte.

Er schafft deinen Grenzen Frieden
und sättigt dich mit dem besten Weizen.

Amen.

Gloria Patri

Gemeinde

Kyrie

(SprecherInnen zum Altar gewandt)

1. SprecherIn:

Nein, nein, nochmals nein.
Das Leben ist nicht immer ein Fest!
Wie soll ich denn Gott singen, ihn loben, zu ihm beten,
wenn mich Verrat kränkt oder Falschheit?
Dann ist Gott – weiß Gott – zu hoch über meiner Welt,
und ich allein mitten drin.
Dann spüre ich nichts von seiner großen Kraft –
nur meine Ohnmacht

Alle: Kyrie EG 178.11 (2x)

2. SprecherIn:

Wann und wie will er heilen, die zerrissenen Herzens sind,
die Gebeugten in ihrem Leid aufheben und trösten?

Sie möchten es ja glauben, dass da ein Gott ist, der gerecht ist – aber:
Er bedeckt nicht nur den Himmel mit finsteren Wolken
und schickt Wasserströme,
auch die Seelen der Menschen, seiner Menschen,
sind verfinstert und von Lebensunwettern bedroht.

Alle: Kyrie EG 178.11 (2x)

3. SprecherIn:

So sieht es doch aus in unserer Welt:
Die Stolzen werden immer stolzer und heimtückischer,
sie demütigen und verwirren ihre Mitmenschen,
sie gebärden sich schlimmer als wild gewordene Horden.
Wie können sich da Menschen öffnen,
Gottes Güte zu empfangen?

Alle: Kyrie EG 178.11 (2x)

Gloria

(Beide drehen sich zur Gemeinde)

SprecherIn:

Gott erhört uns,
er hat sich über uns erbarmt.
Ich lobe meinen Gott.

Lied

Ich lobe meinen Gott (EG 272)[2]

1. Ich lobe meinen Gott von ganzem Herzen.
Erzählen will ich von all seinen Wundern und singen seinem Namen.
Ich lobe meinen Gott von ganzem Herzen.
Ich freue mich und bin fröhlich, Herr, in dir. Halleluja!
Ich freue mich und bin fröhlich, Herr, in dir. Halleluja

2. Ich singe meinem Gott von ganzem Herzen.
Erzählen will ich von all seiner Liebe und preisen seine Gnade.
Ich singe meinem Gott von ganzem Herzen.
Ich freue mich und bin fröhlich, Herr, in dir. Halleluja!
Ich freue mich und bin fröhlich, Herr, in dir. Halleluja!

3. Ich danke meinem Gott von ganzem Herzen.
Erzählen will ich, dass er alle Menschen in seinen Händen trägt.
Ich danke meinem Gott von ganzem Herzen.
Ich freue mich und bin fröhlich, Herr, in dir. Halleluja!
Ich freue mich und bin fröhlich, Herr, in dir. Halleluja!

Kollektengebet

Gott, du hast uns *Augen* geschenkt –
gib uns den klaren Blick auf dich.
Gott, du hast uns *Ohren* geschenkt –
Öffne sie für die Rufe unseres Nächsten.
Gott, du hast uns einen *Mund* geschenkt –
Mach uns Mut, von dir zu reden und von deinen Verheißungen.
Das bitten wird dich durch Jesus Christus.
Amen.

Evangelium

Mk 7,31-37[3]

Präfamen

Liebe Gemeinde, wir wissen, Jesus hat Kranke geheilt.
Er hat ihre Erstarrungen gelöst,
sie wieder zum Laufen gebracht,
ihnen Augen und Ohren geöffnet.
Auch wir brauchen offene Ohren für die Wahrheit Gottes,
damit sich unser Leben verwandelt.
Ich wünsche uns, dass wir das auch an diesem Text erfahren.
Wir hören das Evangelium; es steht bei Markus im 7. Kapitel.

Alle: *Ehre sei dir, Herre*

Textlesung

Alle: *Lob sei dir, o Christe*

Lied

Hilf, Herr meines Lebens (EG 419,1-5)

Predigttext-Lesung
Jes 29,17ff

(von der Empore)

Mit der Wahl dieses Platzes wird sinnfällig zum Ausdruck gebracht, dass der Prophet den Willen Gottes, das »Wort von oben« ausspricht. Solche für die Gemeinden ungewohnten Positionswechsel darf man sicher nicht zu oft vornehmen. In diesem Gottesdienst hat sich dieses Vorgehen jedoch bewährt.

Wohlan, es ist noch eine kleine Weile,
so soll der Libanon fruchtbares Land werden,
und was jetzt fruchtbares Land ist, soll wie ein Wald werden.
Zu der Zeit werden die Tauben hören die Worte des Buches,
und die Augen der Blinden werden aus Dunkel und Finsternis sehen;
und die Elenden werden wieder Freude haben am HERRN,
und die Ärmsten unter den Menschen werden fröhlich sein
in dem Heiligen Israels.
Denn es wird ein Ende haben mit den Tyrannen und mit den Spöttern aus sein,
und es werden vertilgt werden alle, die darauf aus sind, Unheil anzurichten,
welche die Leute schuldig sprechen vor Gericht
und stellen dem nach, der sie zurechtweist im Tor,
und beugen durch Lügen das Recht des Unschuldigen.
Darum spricht der HERR, der Abraham erlöst hat, zum Hause Jakob:
Jakob soll nicht mehr beschämt dastehen,
und sein Antlitz soll nicht mehr erblassen.
Denn wenn sie sehen werden die Werke meiner Hände
– seine Kinder – in ihrer Mitte,
werden sie meinen Namen heiligen;
sie werden den Heiligen Jakobs heiligen und den Gott Israels fürchten.
Und die, welche irren in ihrem Geist,
werden Verstand annehmen,
und die, welche murren, werden sich belehren lassen.

Dialogpredigt

A: Ich finde das schön ausgedrückt. So müsste man auch predigen!

B: So predigen? Wenn ich so was höre, geht mir der Hut hoch.

A: Aber warum denn das? Das ist doch eine wunderschöne ...

B: *(liest Stücke aus der Bibel vor)*
Wohlan, es ist noch eine kleine Weile, so soll der Libanon fruchtbares Land werden, und was jetzt fruchtbares Land ist, soll wie ein Wald werden.
Dass ich nicht lache! Eine kleine Weile. 2500 Jahre ist das schon her!
Der ganze Libanon ist schon im Altertum für Bauwerke und Schiffe abgeholzt worden. Und wir machen es heute auch nicht besser.
Noch viel schlimmer ist es geworden:
In Afrika und Südamerika, da holzen sie in jedem Jahr so viel Urwald ab, wie das Land Niedersachsen groß ist – oder noch mehr.

A: Du hast ja Recht, aber ...

B: *(liest vor)*
Die Tauben werden hören die Worte des Buches und die Augen der Blinden werden aus Dunkel und Finsternis sehen.
Lächerlich!
Nichts hören sie, sie schlafen,

B: schlafen den Schlaf der Selbstgerechten.
Wir sitzen vor der Glotze und hören mit offenem Mund zu, was uns in den Talk-Shows erzählt wird.

A: Aber ...

B: *(liest vor)*
Die Elenden werden wieder Freude haben und die Ärmsten unter den Menschen werden fröhlich sein??
Da hört es doch wohl auf.
Die ärmsten Länder werden immer ärmer
und die reichen Länder immer reicher.
Und in unserem Land ist es auch nicht viel besser.
Fröhlich?! Ja, vielleicht die Fröhlichkeit der Besoffenen und Betäubten,
aber keine innere Freude, keine wirkliche Zufriedenheit ...

A: Aber, nun hör doch mal ...

B: *(liest vor)*
Und es wird aus sein mit den Tyrannen und denen, die das Recht beugen?
Nichts ist aus. Tyrannen, wo man hinschaut. Ungerechtigkeit überall.
Furchtbar, furchtbar.
Weißt du, wie mir das vorkommt?

A: Nee!

B: *(trällert)*
»Morgen, morgen, morgen, morgen wird das alles vergehn.«
Kennst du das Lied?

B: Dann weißt du, was ich meine.
Vertröstung! Billiger Trost! Einschläferung! Opium des Volkes.

A: Du hast ja Recht ...

B: Du hast ja Recht, du hast ja Recht.
Fällt dir nichts Besseres ein?
Weißt du, was ein paar Sätze vorher bei Jesaja steht?
So kommst du mir auch vor.

A: Und, was steht da?

B: Da steht:
Denn der HERR hat über euch einen Geist des tiefen Schlafs ausgegossen und eure Augen – die Propheten – zugetan, und eure Häupter – die Seher – hat er verhüllt.
So kommst du mir auch vor.

A: Mag sein!

B: Was mag sein?

A: Es mag sein, dass es so ist, wie der Prophet sagt,
dass Gott uns erst so richtig in die Blindheit hineinführen muss,
damit wir wieder anfangen können zu sehen.

B: Hast du das nicht eine Nummer kleiner? Das ist mir viel zu theologisch.

A: Also gut:
Hast du nicht auch schon mal erlebt, dass du krank warst
und dass du erst *danach* wieder richtig er-lebt hast, was Leben ist.
Mit allen Sinnen das neue Leben aufgenommen, genossen, neu gelebt??

B: Hm ... Ja, das kenne ich auch ...

A: Oder denk an den Taubstummen, von dem wir vorhin gehört haben!
Ich denke mir, dass er – weil er vorher taub und stumm war – nun besonders gut hört, auf alle Geräusche und alle Zeichen.
Und dass er – nachdem er endlich sprechen kann – seine Worte nicht mehr verschwendet und vertut, sondern vorsichtig und liebevoll wählt.

B: Du meinst, wir müssen uns unserer Möglichkeiten wieder bewusst werden?
Um uns schauen, um uns hören...

Genau! Meistens schlafen wir doch, ohne es zu wissen.
Wir müssen wieder aufwachen, sehen und hören lernen.

Gut und schön, aber worauf sehen und hören,
wenn alles so unendlich schrecklich und entmutigend ist?

Die kleinen Zeichen sehen!
Die kleinen Schritte gehen!
Die kleinen Worte sagen!
Dann siehst du auch, dass Gott schon jetzt mitten unter uns am Werk ist.

Ich finde diese Resignation, die ich manchmal habe, ja auch nicht schön.
Aber wie komme ich da raus?
Und wie führen wir die Menschen raus »aus dem Schlaf der Sicherheit«, wie es in dem Kirchenlied heißt?[4]
Aufwachen müssten sie, aufwachen.

A: Wach *du* doch erst mal auf!

B: Ich? Na, hör mal, ich bin doch nun wirklich ganz schön ausgeschlafen!
Dass ich aufwachen soll ...

Na ja, meinetwegen, wach bist du vielleicht.
Aber du hast sozusagen nur *ein* Auge geöffnet.
Du schaust nur in *eine* Richtung.
Jesus hat ...

Was hat denn Jesus damit zu tun?

Sehr viel. Sehr viel.
Er öffnete den Menschen die Sinne für Gottes Gegenwart.
Mit all den Heilungsgeschichten wird doch auch gesagt:
Jesus will uns die Sinne öffnen.
Dafür, dass das Reich Gottes schon hier beginnen kann,
wenn wir nur endlich mitmachen.

Ja, aber ...

Nun, lass mich doch ausreden.
Er öffnet uns die Sinne auch für die Ungerechtigkeiten der Welt.
Und dafür hat er sie *dir, dir* doch wunderschön weit geöffnet.
Aber nun will er noch mehr von dir und von uns allen:
Er will uns die Sinne auch öffnen für unsere Gaben,
für unsere Möglichkeiten, für unsere Chancen.
Geht es dir nicht auch manchmal so,
dass du auf einmal klar siehst,
was vorher nur verschwommen oder überhaupt nicht erkennbar war?

A: Vielleicht wenn du gebetet hast ...
Oder dass du plötzlich, wie der Lahme,
der nach der Heilung sein Bett selbst wegschleppen musste,
Mut bekommst, wieder anzufangen und nicht nur rumzumäkeln??
Ich glaube, Gott will uns Mut machen:
Mut, dass wir unsere Gaben auch einsetzen.
Und *(zögert etwas)*
und darin sehe ich auch den tiefen Sinn der Worte, die der Prophet Jesaja hier sagt
und die dich so aufgeregt haben ...

B: Na, ja aufgeregt ...
Ich finde sie nur so utopisch ...
So weit weg vom Leben ...

Sind sie ja auch. Und doch gehören sie mitten ins Leben hinein.
Wir brauchen solche Utopien.
Konkrete Utopien brauchen wir.
Mir geht es oft so,
in meinem Beruf oder wenn ich unsere Kirche anschaue,
dass ich alles hinschmeißen möchte.
Da brauche ich auch ein Leitbild,
das mir wieder Mut macht.
Und da brauche ich eine Sehnsucht, wie die Worte des Propheten sie wecken,
die Sehnsucht, dass mir durch Jesus alle meine Sinne wieder geweckt werden,

A: damit sie sich für Gott öffnen:
Meine Ohren, dass ich seine Stimme neu vernehme,
meine Augen, damit sie seine Spuren entdecken.
Brauchst du das nicht auch?

B: Na ja!?!?
Du hast schon Recht. Als Lehrer könnte ich auch ohne ein Leitbild, ohne eine Vision, nicht leben. Ich brauche eine Vorstellung, wie ich die Kinder ins Leben entlassen will.
Mir Mut machen lassen durch Gott – das brauche ich auch!
Meine Sinne öffnen lassen für neue Möglichkeiten und Chancen – gut!
Auf die kleinen Zeichen der Liebe, des Friedens achten – mich von ihnen ermutigen lassen! Ja, das brauchen wir alle.

Du hast mir doch von deinen Schülern erzählt – was die machen.
Ist das nicht so ein Zeichen?

Mag sein. Ich jedenfalls habe es so empfunden.
(Da der 2. Sprecher Lehrer ist, folgt nun ein Beispiel aus seinem Lebensbereich. Es dürfte nicht allzu schwierig sein, auch aus ganz anderen Bereichen Beispiele für »kleine Wunder« zu finden, die Mut machen.)

Es war während des Kosovo-Krieges. Meine Schülerinnen und Schüler des 6. Schuljahres haben dieses Thema im Religionsunterricht angesprochen. Sie debattierten erbittert, ob wir als Christen einen Streit so ausweiten dürften. Sie schilderten ihre Ängste und die Gefühle der Ohnmacht. Und auf einmal hatte jemand *die* Idee: Wir dürfen nicht nur jammern und klagen und streiten, wir müssen etwas tun, wir müssen den Menschen da unten, besonders den Kindern, helfen! »So hätte es wohl Jesus auch gemacht«, sagte eine Schülerin. »Wir können ja die Projektwoche umfunktionieren und für die Kinder im Kriegsgebiet sammeln.«

Die Schülerinnen und Schüler überzeugten die übrigen Klassen der Schule und das Kollegium von dieser Idee. Sponsoren wurden gesucht und helfende Elternhände. Pläne wurden geschmiedet und in die Tat umgesetzt: eine Klasse verkaufte in ganz Goslar Herzen, andere veranstalteten eine Tombola, Torwandschießen, Crêpes backen und vieles mehr. Am Schluss der Woche waren 3 429 DM zusammengekommen und an das Rote Kreuz übergeben.

Und das Schönste war: Kaum eine Gruppe interessierte sich für das eigene Ergebnis. Das Gesamtergebnis, die Anstrengung aller war wichtiger. Es ist so viel die Rede vom Egoismus der Kinder und ihrer Konsumhaltung. Diese Kinder

B: haben ein anderes Zeichen gesetzt – und der Resignation nicht nachgegeben.

A: Toll! Das ist ja wie ein kleines Wunder.
Sind damit nicht Träume und Visionen lebendig geworden?
Kleine Zeichen für das Reich Gottes?!
So soll es sein!

Beide: Amen.

Orgelmeditation

Apostolisches Glaubensbekenntnis

Lied

Vertraut den neuen Wegen (395,1-3)

Gut dem Ziel dieses Gottesdienstes dienen würde auch das Lied »Gott gab uns Atem« (EG 432); es weist uns auf das Beschenktsein hin, das uns zum Handeln – aus Dank – leiten sollte.

Abkündigungen

Fürbittengebet

1. SprecherIn:

Gott, himmlischer Vater,
manchmal sind wir blind,
wir sehen die *Schönheit* deiner Schöpfung nicht.
Wir haben es verlernt,
uns über die kleinen Dinge zu freuen.
Wir sehen die *bedrohte* Schöpfung nicht.
Mach uns sehend, Gott!

2. SprecherIn:

Gott, manchmal sind wir taub.
Wir *hören* die leisen Stimmen nicht.
Wir haben uns an den Lärm gewöhnt.

Wir *überhören* die Schreie und das Stöhnen
gequälter Menschen.
Mach uns hörend, Gott!

1. SprecherIn:

Gott, oft sind wir lahm und träge.
Wir reichen den anderen nicht die Hände.
Unsere Füße tragen uns nicht zum Nächsten.
Wir bleiben unter uns.
Wir ballen die Hand zur Faust,
statt damit zu streicheln.
Bring uns in Bewegung, Gott!

2. SprecherIn:

Gott, wir leben von deinen Gaben.
Du lässt uns nicht verkümmern.
Befähigt hast du uns zu lächeln, zu lieben,
zu verstehen, mitzufühlen, unsere Stimme zu erheben.
Aber wir sind oft undankbar und unterlassen, was wir tun könnten.
Wir verbergen, womit du uns begabt hast.
Hilf uns, dass wir weitergeben, was wir empfangen haben.

1. SprecherIn:

Gott, du beanspruchst unser Leben,
du erwartest, dass unser Reden und Tun
Antwort gibt auf dein Handeln mit uns.
Wir entziehen uns deinem Anspruch,
möchten in Ruhe gelassen werden,
möchten unauffällig und unverbindlich leben dürfen.
Hilf uns, dass wir einstehen für deine Sache.

2. SprecherIn:

Gott, du hast uns zur Freiheit berufen,
zu Verantwortung und Mut.
Wir aber scheuen uns zu ergreifen, was du uns zumutest.
Wir waren und bleiben lieber Zuschauer
und machen andere für den Zustand der Welt verantwortlich.
Hilf, dass wir etwas anfangen mit unserer Freiheit.

Vaterunser

Segen

Der Segen ist formuliert nach *Sabine Naegeli*, Du hast mein Dunkel geteilt, Gebete an unerträglichen Tagen, Verlag Herder Freiburg, 19. Aufl. 2000, S. 104f. Er bringt sehr schön das Sehen/Hören der kleinen Wunder und Sehen/Gehen der kleinen Schritte zum Ausdruck.
Gut einfügen ließe sich auch – möglichst mehrstimmig gesungen – das Segenslied »Segne uns, o Herr«, das mit dem Bild der Engel Gottes Fürsorge ausdrückt (siehe Liedanhang).

Gott segne deine *Augen*,
dass sie Bedürftigkeit wahrnehmen,
dass sie hindurchschauen durch das Vordergründige.
Gott segne deine *Ohren*,
dass sie Seine Stimme zu erhören vermögen,
dass sie hellhörig seien für die Stimme der Not.
Gott segne deinen *Mund*,
dass er Ihn bezeuge,
dass nichts aus ihm ausgehe, was verletzt und zerstört.
Gott segne deine *Hände*,
dass sie behutsam seien,
dass sie halten können, ohne zur Fessel zu werden.
Gott segne dein *Herz*,
dass es Wohnung sei seinem Geist,
dass es Wärme schenken und bergen kann.

So segne dich der gütige und barmherzige Gott,
der Vater, der Sohn und der Heilige Geist.
Amen.

Schlusslied

Du hast uns, Herr, gerufen (EG 168,4-6)
Oder: »Bewahre uns, Gott« (EG 171).

Orgelnachspiel

(Die Gemeinde wird eingeladen, sitzen zu bleiben)

Anmerkungen

1. Gottesdienst am 22.8.1999 (12. Sonntag nach Trinitatis) in Goslar-Hahndorf.
2. Nur die erste Strophe findet sich im Gesangbuch. Die anderen sind dem Liederbuch des Kirchentags 1999 in Stuttgart entnommen (*Gottesklang*, Kreuz Verlag).
3. Aus der »Guten Nachricht«.

Was geht uns Luther an? – Reformationstag

Ich erinnere mich an den Gottesdienst[1]*:*

Martin Luther, unerschrockener Reformator, sprachgewaltiger Bibelübersetzer – dieser Mensch erscheint mir so groß und mächtig. Da war es fast schon ein Muss, ein wenig hinter die Fassade dieses Menschen zu schauen. Indem wir einige Zeitzeugen (Familienangehörige und Lehrer, Freunde und Feinde) zu Wort kommen lassen, wird mir der Mensch Martin Luther ein wenig vertrauter. Auch er hatte Ängste und viele Fragen. Aber er war mutig im Bekennen des Glaubens und bereit, um des Glaubens willen mit Gott zu »kämpfen«. Er geht uns heute an – in einer Zeit des Wandels weist er auf die Gebote hin und erinnert an den Grund des Glaubens: »Wir sollen Gott über alle Dinge fürchten, lieben und vertrauen«.

Um wenigstens einige Facetten Luthers zeigen zu können, steuert der Gottesdienst nach Einleitung und Gebet sogleich auf die Aussagen der Zeitzeugen zu. Zwischentexte erleichtern die Einordnung. Die zwischendurch gesungenen Verse des Liedes »Nun freut euch, lieben Christen g'mein« (EG 341) lassen die kraftvolle Sprache des Liederdichters Luther zu Wort kommen; überhaupt haben wir in diesem Gottesdienst nur Luther-Lieder gesungen. Die für die Entwicklung Luthers so bedeutsamen Verse aus Röm 3,21-28 leiten den Auftritt des theologischen Kontrahenten Eck ein. Der Vers »Verleih uns Frieden gnädiglich« (EG 421) rahmt, mehrfach gesungen und durchaus nicht ironisch gemeint, den Teil ein, in dem »Müntzer« auf die Bauernkriege zu sprechen kommt. »Melanchthon« fasst sehr knapp zusammen, was Luther uns heute sagt.

Gudrun Janz

Wie schon im Vorwort angedeutet, ist uns bewusst, dass dieser Gottesdienst zu lang geraten ist. Trotzdem sind die BesucherInnen von Anfang bis Ende mit Spannung gefolgt; die Resonanz war sehr gut. Es empfiehlt sich, eine gekürzte Fassung dieses Entwurfs weiterzuverwenden. Denkbar wäre es, einzelne Zeitzeugen wegzulassen oder aber innerhalb der Texte zu kürzen. Die Entscheidung darüber hängt ganz von dem Ziel des geplanten Gottesdienstes ab.

Orgelvorspiel

Begrüßung

Liebe Gemeinde.
Wir freuen uns, mit Ihnen diesen Gottesdienst am Reformationssonntag zu feiern.
Sie bekommen heute eine volle Ladung Luther.
Natürlich ist Reformation viel mehr als Luther.
Aber er steht doch im Mittelpunkt –
verehrt oder verachtet, überhöht oder verteufelt, erkannt oder verkannt.
Deshalb wollen wir gern die Vielfalt und auch das Widersprüchliche an Luther zeigen.
Dazu laden wir Sie ein!
Luther fordert uns und unseren Glauben tief heraus.
Und das wollen wir mit uns geschehen lassen
im Namen des Vaters, des Sohnes und des Heiligen Geistes.
Amen.

Kollektengebet

Heiliger Gott,
du hast uns durch die Reformation
das Evangelium mit neuen Augen sehen lassen
und Wege neuer Hoffnung gewiesen.
Doch wir sind deinen Weg nicht gegangen,
sondern haben uns in kleinlichen Streitigkeiten verzettelt.
Wir sind blind geworden und arm an Hoffnung.
Darum bitten wir dich:
Lass uns dein Wort neu hören,
öffne unsere Augen für das Licht deiner Wahrheit,
damit wir sie neu begreifen durch Jesus Christus,
unseren Herrn und Bruder.
Amen.

Überleitung

(andere/r SprecherIn)

Wenn es uns gelänge,
einige der Menschen, mit denen er gelebt, gearbeitet und gestritten hat –
seine Mutter und seine Frau, Staupitz und Eck, Müntzer und Melanchthon –
wenn es uns gelänge, sie dazu zu bewegen, uns etwas über ihn zu erzählen –
das könnte spannend werden.

Aber da kommt ja schon jemand.
Es scheint die Mutter Martin Luthers zu sein.
Sie erinnert sich – und sie hadert auch ein wenig mit ihm.

Margarete Luther

Die folgenden Texte der Zeitzeugen sind anhand der Luther-Literatur von uns verfasst worden. Die Literatur ist unübersehbar, deshalb nur der Hinweis auf *Hans Mayer*, Martin Luther, Leben und Glaube, Gütersloh 1982 , der schnell und mit viel Originalzitaten einführt.
Der Aspekt des Antijudaismus des späten Luther wird bewusst nicht aufgegriffen – obwohl er wegen seiner verheerenden Wirkung immer wieder in Erinnerung gerufen werden sollte. Wir wollten den Gottesdienst thematisch nicht überfrachten.
Die Zeitzeugen können in der Kleidung unserer Zeit auftreten. Denkbar wäre es natürlich, ihnen etwas mehr Authentizität zu verleihen, indem man sie nach der Mode des 16. Jahrhunderts kleidet.

O, mein Martin, wie konntest du uns das nur antun?
Der Vater wird mir noch ganz toll!
Er fasst es nicht!
Ins Kloster bist du gegangen?
Und auch noch ins »Schwarze Kloster« zu den Augustinern?
Wie konntest du uns das antun?
Nun ja, fromm sind wir doch auch.
Recht artig haben wir dich gestäupt, damit auch du es würdest.
Aber Mönch? Das wollten wir nicht!

Ein wenig aufmüpfig warst du freilich schon immer.
Warst nicht gerade zimperlich mit deinen Geschwistern.
Und mit Ausdrücken hast du um dich geworfen,
da war ich dir doch manchmal gram. *(Pause)*

Wozu hat dir dein Vater denn nur diese teure Schulausbildung bezahlt?
Von morgens bis abends hat er sich krumm gearbeitet in der Mansfelder Mergelgrube.
Jeden Kreuzer hat er beiseite gelegt.
Und auch ich habe mich genug gequält mit deinen vielen Geschwistern,
in Haus und Garten, mit Backen und Dörren, Waschen und Bleichen.
Aber wir haben es gern getan.
Denn einen wachen Verstand und so ein feines »Seelichen« hattest du schon als kleiner Bub.
(nachdenklich) Aber dein heftiges Gemüt, dein aufbrausender Zorn hätten uns eigentlich früher warnen müssen.
Wie hast du immer protestiert, wenn du dich auch nur im geringsten eingeengt fühltest! Ja, ja, mit »Pochen war bei dir nichts zu gewinnen« *(Lutherzitat)*.

Was warst du für ein guter Schüler! Seit deinem fünften Lebensjahr ...
Es machte dir nichts aus, von morgens um sechs bis zum späten Nachmittag in der Schulbank zu hocken.
Und dass sie in der Schule nur das wunderliche Latein sprachen – dich hat es nicht verdrossen.
Was hast du alles auswendig hersagen können – stolz war ich auf dich, stolz.
Auch in Magdeburg und Eisenach ging es doch gut voran auf der Schule.
Da bei den »Brüdern zum gemeinsamen Leben«.
Und welche Freude hat es uns gemacht, von Familie Cotta in Eisenach zu hören, dass du fleißig warst und strebsam, gelernt hast und artig Laute gespielt.
Alles ging so gut ...

Und der Vater abends –
er konnte sich kaum wach halten nach der langen Arbeit –
und doch hat er oft davon erzählt, geträumt, wie du einmal Staatsbeamter sein wirst: Bürgermeister, Kanzler, Doktor oder Regent ...
Elf lange Jahre Schule, vier Jahre Studium – und dann diese Enttäuschung!
Was soll aus dir noch werden!?

Augustinermönch sein zu wollen! Was für eine Idee!
Du hattest das Studium der Philosophie doch mit Glanz abgeschlossen!
Baccalaureus der Philosophie schon nach eineinhalb Jahren!
Mit Auszeichnung, als Zweitbester von den 17 Scholaren!
Magister warst du! *(versonnen)* Ein Magister, mein Sohn.
Martinus und »Ihr«, sagten wir zu dir, ungehorsamer Sohn,
so stolz waren wir,
die wir doch nur Bauern und Bergleute sind ...
(nachdenklich)

Ja, ja, es wird wohl so sein, dass sie dich gar fürchterlich durcheinander gebracht haben, die hochgelahrten Professores in Erfurt, mit ihrem freien Willen und ihrer Vernunft.
Aber wie konnte dich das so beeindrucken, dass du nun wider den Willen der Eltern handelst, die du fürchten und lieben sollst? *(mit Betonung)* Fürchten *(Pause, dann mit gesenkter Stimme)* und lieben.
Nun sollte doch das Studium der Jurispru ... also dieses Studium der Rechte beginnen!
So ein Blitzschlag braucht einen doch nicht gleich umzuwerfen!
Ein Anschlag des Teufels, sagst du?
Schon gut, dass es dich drängte, die heilige Anna anzurufen, die die Bergleute immer beschützt hat.

Aber deshalb ins Kloster zu gehen ...
Du hast doch die Theologie noch gar nicht studiert?
Nicht einmal die Heilige Schrift hast du genugsam gelesen!
Nun, wenigstens verstehen kannst du sie, im Gegensatz zu mir, mit deinem Latein.
Hat dich etwa einer von diesen Bußpredigern durcheinandergebracht, die überall herumlaufen?
Das kann ich mir nicht denken!
Aber Mönch ... nein ... Mönch ...
Wohin soll uns das bloß noch führen???
(geht kopfschüttelnd ab)

Lied

Nun freut euch, lieben Christen g'mein (EG 341,2)
mit kurzem Vorspiel

Überleitung

Luther ging ins Kloster. Zu den Augustinern.
Hier kommt es – nach Jahren – zu der entscheidenden Wende in seinem Leben.
Johannes von Staupitz, Generalbevollmächtigter der Augustiner, der Seelsorger, Freund, Berater,
erinnert sich an diese dramatische Zeit.

Staupitz

Sie fragen mich nach Bruder Martinus?
Nun, meine Freunde, wie soll ich ihn in kargen Worten beschreiben?
Ich kannte nicht alle meine Brüder so gut.
Aber ihn kannte ich ... Ja, ihn kannte ich *(Pause)*.
Ganz verstört kam er damals zu uns. Irgendetwas trieb ihn.
Er hatte sein Erfolg und Ansehen versprechendes Studium abgebrochen.
Gegen den Willen der Eltern kam er zu uns.

Ein Feuerkopf war Martinus – selbst in seiner Verzweiflung.
Was ihn zu uns getrieben hat?
So recht erfahren haben wir es nie.
Das Gelübde in jenem Gewitter bei Stotternheim?
Nun, das scheint mir zu vordergründig.
Aber immerhin mag es ja sein, dass jener Blitzschlag alles, was in seinem Leben unklar und unsicher war, zu der einen Frage zusammengeschmolzen hatte, die ihn fortan beschäftigte.
Ich darf übrigens nicht über das sprechen, was er mir in der Beichte anvertraut hat.
Nur so viel kann ich Ihnen verraten:
Er sagte später einmal, *er habe sich Gott völlig übereignen wollen, um sich vor dem Satan in Sicherheit zu bringen*.

Er litt Gewissens- und Höllenqualen in seiner Zelle.
»Wie kriege ich einen gnädigen Gott?«, fragte er mich, ja: schrie er mich an.
Dabei machte ihm das Klosterleben keinerlei Pein.
Selten fanden wir einen eifrigeren Novizen.
Die kleine Zelle, zweieinhalb Meter im Geviert, die Pritsche, Strohsack, Schemel, Tisch und Wasserkrug – was manchem dieser gebildeten jungen Herren beschwerlich war – ihm nicht.

Kehren und ausfegen, über Land gehen und um Almosen bitten – das alles tat er gern.

Nach einem Jahr legte er die Gelübde ab.
Ob er gleich anfing, die Bibel zu übersetzen?
(lacht) O nein, liebe Freunde. Er kannte sie ja kaum.
In Erfurt hatte er ein wenig davon gehört und gelernt.
Aber nun lernte er sie kennen, nein: er bohrte sich in sie hinein.
Aber – merkwürdig genug –
nur den strengen, den zornigen Gott fand er in der Bibel.
Wie oft haben wir darüber gesprochen!
»Wie bekomme ich einen gnädigen Gott?«,
diese Frage trieb ihn bis zur Verzweiflung.
Und in der Schrift fand er nur die Stellen, die diese Verzweiflung verstärkten:
»Wohin soll ich gehen vor deinem Geist? Und wohin soll ich fliehen vor deinem Angesicht?«, zitierte er den Psalm (Ps 89).
Ob er mit Gott oder mit Satan kämpfte, war kaum zu unterscheiden.

Er legte sich zusätzlich Pflichten auf, schlief auf dem Steinfußboden, durchwachte die Nächte im Gebet, fastete noch mehr,
war nur noch Haut und Knochen.
(scheu) Als wollte er sich den gnädigen Gott erzwingen.
O, welcher Hochmut der Demut!
Aber das erkannte er nicht.

Vielmehr fahndete er unerbittlich nach Sünden der Tat, des Wortes oder der Gedanken. Und er beichtete immer öfter.
Nie habe ich ein Beichtkind gesehen, das mehr seine Sünden bereute.
Doch schenkte ihm die Lossprechung keine Erleichterung.
Im Gegenteil: Je mehr er sich wusch, desto unreiner fühlte er sich – und je mehr er sich schuldig fühlte,
desto mehr zweifelte er an der Güte Gottes.

Ob wir ihm nicht helfen konnten, fragen Sie?
O, was taten wir nicht alles!?
Wir gaben ihm, dem Hochbegabten, Aufgaben, die ihn forderten.
Wir ließen ihn Priester werden, eine hohe Auszeichnung.
Mit 24 Jahren schon las er seine erste Messe.
(Aber selbst hier zitterte er in Furcht vor dem übermächtigen Gott.)
Ja, wir hatten große Pläne mit ihm.

An die Universität in Wittenberg schickten wir ihn, damit er Moralphilosophie lehrte.

Er studierte dort Theologie, schloss das Studium schon nach einem Jahr ab, wurde Doktor der Theologie.
In seinem Turmzimmer in Wittenberg lernte er Griechisch und Hebräisch.
Er wollte genau wissen, was da wortwörtlich in der Bibel steht.
Und die Studenten – sie strömten herbei, wollten unbedingt ihn hören,
schon damals, vor den Thesen.

Aber die eine Frage ließ ihn nicht los, die eine Frage:
»Was kann ich tun, damit Gott mich annimmt?«
Immer mehr fühlte er eine tiefe Kluft zwischen sich und Gott, zwischen dem unvollkommenen Menschen und dem allmächtigen Gott.
Und wenn ich ihn mahnte *»Du musst den Mann ins Auge fassen, der Christus heißt«*, schien er es kaum aufzunehmen.

Da ... o, mein Freund, mir stockt noch jetzt die Stimme vor Freude, wenn ich daran denke, da stößt er in dem Briefe Pauli an die Römer auf jene Sätze, die alles ändern.
Er begreift, dass die *Gerechtigkeit vor Gott durch den Glauben an Jesus Christus kommt, zu allen,* dass *der Gerechte aus Glauben leben wird.*
Gott sucht den verlorenen Menschen.
Und in Christus begegnet er, Martinus, dem gnädigen Gott.
Sola gratia – allein durch Gnade.
Hiermit ist ihm, wie er später gesagt hat, die Tür zum Paradies aufgegangen.

Ich kann Ihnen, liebe Freunde, das Geheimnis dieser Lebenswende nicht entschlüsseln, will es auch gar nicht.
Nur: Ich freue mich. Ich freue mich unendlich
– was auch immer noch aus ihm werden mag –
dass er nun weiß, dass Gott ihn liebt, dass er angenommen ist.
(kleine Pause)

Dass ich ihn später von seinem Mönchsgelübde entbinden musste, tat mir weh.
Aber glauben Sie, dass ich ihm das hätte verweigern dürfen?
(bleibt einen Moment nachdenklich stehen, geht dann ab)

Epistel

Röm 3,21-28

Lied

Nun freut euch, lieben Christen g'mein (EG 341, 3-4)

Überleitung

Nach Staupitz, dem Freund, nun Dr. Johannes Eck, der erbitterte Gegner Luthers von Anfang bis Ende.
Eck war keineswegs ein kleinkarierter Federfuchser, sondern ein hochgelehrter und hochgebildeter Professor der Theologie.
So wie er mit Luther bei dem Leipziger Disput und bei den Wormser Religionsgesprächen stritt, so bringt er hier die päpstliche Position zur Sprache.
Hören wir Johannes Eck, der die Bannbulle des Papstes nach Wittenberg überbrachte.

Eck

Es wird nicht allen gefallen, dass durch die Person des Eck die damals von der katholischen Kirche vertretene Position deutlich zugespitzt wird. Aber in dem Gottesdienst sollte – ohne jeden antiökumenischen Affekt – sichtbar werden, wo damals die Fronten verliefen.

Sie meinen, ich hätte Unrecht getan, an Luthers Bannung durch den Heiligen Vater mitzuarbeiten?
Glauben Sie mir, dieser Bann war nötig.
Seinen Studenten ein paar aufmüpfige Sätze sagen – das mag ja noch angehen.
(lacht) Die Heilige Katholische Kirche hat schon so manches kleine Ketzerlein verkraftet.
Aber diese 95 Thesen, an einer Kirche angeschlagen und voller offener und versteckter Angriffe gegen den Heiligen Vater.
Kein Wunder, dass seine Studenten bald darauf Bücher verbrannt haben!
Nachdem er die Lunte gelegt hatte.
Und dann alle seine späteren Schriften.
Sogar in deutsch – *(angeekelt)* horribile dictu!
Ich frage Sie: Ist er denn toll geworden, der kleine Mönch?

Schon die Thesen hätten ausgereicht, ihn zu bannen.

(kopfschüttelnd) Unsere ehrliche Bußgesinnung infrage zu stellen!!!
Und reif für den Scheiterhaufen machten ihn schon damals seine Worte:
Auch der Papst steht nicht über, sondern unter dem Wort Gottes.
Wie kann er es wagen, die Autorität des Papstes anzugreifen?
Für diesen Mönch scheint es überhaupt keine Autorität zu geben.
Außer der Bibel selbst – welch ein merkwürdiger Gedanke für einen Christen, der die Tradition seiner Kirche liebt!

Und welch eine Frechheit zu behaupten, die Heilige Kirche treibe Missbrauch mit ihrer Macht.
Ich räume ohne weiteres ein, dass wir die Ämter der Bischöfe und Prälaten, ja bisweilen sogar Kardinalshüte, verkauft haben für gutes Geld.
Ja, gutes Geld, mit dem die Kirche viele gute Werke tun konnte.
Aber unentschuldbar ist seine Polemik gegen den Ablass.
Lächerlich, dieser »Sermon von Ablass und Gnade«,
in dem das Mönchlein Martinus uns weiszumachen sucht,
nicht gute Werke würden helfen, sondern allein Gott, der umsonst verzeihe.
Nun ja, ich gebe zu, der Tetzel übertreibt wohl ein wenig:
Für spätere Missetaten sich schon hienieden die Lossprechung zu erkaufen, erscheint auch mir ein wenig übertrieben.
Und ob es angehen kann, Verstorbene aus dem Fegefeuer freizukaufen, ist auch mir ein wenig zweifelhaft.

Aber was ist einzuwenden gegen einen ordentlichen Ablasshandel?
Wir können ruhig von dem Geld reden, das unserem geliebten Papst Leo dadurch zufließt ... Wie sollen wir wohl sonst den Petersdom zu Ende bauen? Wie sollen wir die Fugger bezahlen, wenn wir nicht dies Geld haben?
Und ist es nicht ein gutes Werk zum Lobe Gottes und zur Freude der Gläubigen, diesen Dom zu errichten?
(denkt kurz nach)

Und wenn Sie erlauben, dass ich ein wenig tiefer frage – wie ich es gern tue:
Ist es wirklich so, dass wahre Buße nur aus der Liebe zu Gott hervorgeht, wie Luther meint?
Ist es denn nicht so, dass die Heiligen einen Vorrat,
ja einen Schatz an guten Taten angesammelt haben,

den nun die Heilige Katholische Kirche verwaltet?
Und ist es dann nicht eine gute und fürsorgliche Tat,
den Sündern hieran Anteil zu geben?
Vor allem: Sind nicht die Verdienste Christi unerschöpflich, sodass der Heilige Vater, Christi Stellvertreter, hiervon großzügig spenden darf?!
Durch den Ablass? Ja, durch den Ablass!

Damit werden die Menschen doch frei gemacht von all den drückenden Lasten der Fastenzeiten und Wallfahrten.
Wie kann man das eine Gnade nennen, die billig durch Geld zu haben sei??
Was erfrecht sich dieser kleine Mönch aus Wittenberg?
Dass davon nichts in der Bibel steht?
(sinnt kurz nach) In der Bibel kannte er sich ja aus wie kein anderer.
Aber über diesen Satz musste ich doch lachen.
Denn die Tradition der Väter steht doch gleichberechtigt neben der Bibel.

Aber diese Grundlage unseres Glaubens hat er auch in den 10 Tagen unserer Disputation in Leipzig nicht begriffen. *(lacht verschmitzt)*
Dort habe ich ihn wunderbar aufs Glatteis geführt.
Wenn Sie noch nicht wissen, wie, will ich es Ihnen sagen:
Ich zitierte – scheinbar ganz harmlos – ein paar Sätze des böhmischen Ketzers Hus, der 100 Jahre früher seinen verdienten Tod auf dem Scheiterhaufen gefunden hatte: *Nicht der Papst*, so hatte dieser Ketzer geschrieben, *nicht der Papst, sondern Christus ist das Haupt der Kirche.*
Meinen Sie etwa, Luther hätte diesem Satz widersprochen?
Im Gegenteil: Er fand ihn ausgezeichnet. Er bestätigte ihn: Ja, nicht der Heilige Vater, sondern Christus ist das Haupt der Kirche.
Und als ich ihn nun festnagelte: *Das Konzil hat diese Worte Hussens doch verdammt!*, da verstieg er sich zu dem Satz,
mit dem er sich selbst richtete und bei dem mir noch heute der Atem stockt:
(mit Betonung) »Auch Konzilien können sich irren und haben geirrt«.
Das ist seine Meinung und sie breitet sich nun aus wie ein Feuer in trockenem Gras: Die Schrift stehe über der Kirche, auch über dem Konzil, ja über dem Heiligen Vater!
Die Schrift müsse aus sich selbst heraus verstanden werden – ohne alle kirchliche Tradition.

(kleine nachdenkliche Pause, dann entschlossen)

Wir hätten ihn früher bannen müssen.
Jedenfalls lache ich heute nicht mehr, wie wir damals alle gelacht haben über den Satz des jungen Kaisers beim Reichstag zu Worms: »Der (er meinte Luther) wird mich nicht zum Ketzer machen«.
Nun hat er schon allzu viele zu Ketzern gemacht.
Ich frage mich, was sie alle daran finden:
Allein die Schrift.
Allein aus Gottes Gnade.
Allein der Glaube an Christus.
Genügt denn das?

Lied

Verleih uns Frieden gnädiglich (EG 421) 2x

Überleitung

Wir wissen, dass die Reformation auch Kriege auslöste.
Schon zu Luthers Zeiten die Bauernkriege.
Einer der Weggefährten Luthers, Thomas Müntzer, wurde vom Reformator zum politischen Bauernführer.
Luther geriet in eine Zwickmühle: Einerseits gebührte der Obrigkeit Gehorsam, andererseits machte das Evangelium frei.
Thomas Müntzer wirft Luther diesen Zwiespalt vor.

Müntzer

Meine Auslieferung verlangen die Fürsten von den Bauern!
Morgen entscheidet sich alles!
Musste es dazu kommen?
Ach, Martinus, warum haben wir uns nur so sehr voneinander entfernt.
Wie nah waren wir uns früher!
Wie sehr war mir dein »Sermon gegen den Wucher« aus der Seele gesprochen.
Wie sehr hat mich deine Disputation mit Eck in Leipzig beeindruckt.
Keines deiner Worte habe ich mir entgehen lassen.
Aber nun sind wir geschieden. Es gibt keinen Weg zurück.
Hast du denn vollkommen vergessen, wie es dem Volk geht?
Keine Schulen für die Armen.

Ausgebeutet durch die Großgrundbesitzer und den Adel und die geistlichen Herren.
Ausgesaugt durch die Geldverleiher.
Kranke können verrecken, wenn sie kein Geld haben.
Gleichzeitig quellen die Kirchen über von goldenen Leuchtern und Reliquienschreinen, Kruzifixen und Messgeräten.

Ist dir denn das Volk gleichgültig geworden?
Karlstadt, dein Freund, hat es richtig verstanden:
Als du auf der Wartburg die Bibel übersetztest,
machte er in Wittenberg die wahre Reformation.
Raus mit den Bildern aus den Kirchen,
eine neue Ordnung der Stadt,
Bildung für das ganze Volk,
eine für das Volk verständliche Deutsche Messe,
Abschaffung der Klöster,
Sorge für die Armen.
Das war das richtige Programm.
Aber ihn hast du zurückgepfiffen.

Uns kannst du nicht zurückpfeifen. *(reckt sich)*
Landsknecht Christi, nennen sie mich.
Ja, das bin ich, wenn sie wollen auch mit Gewalt.
Noch viel weiter wollen wir gehen als Karlstadt:
Der Geist des Urchristentums muss wieder erweckt werden:
Gott spricht nicht nur durch das Papier der Bibel zu uns,
sondern auch direkt durch seinen Geist.
Laien sollen unsere Pfarrer werden.
Nur deutsche Lieder singen wir im Gottesdienst,
nur deutsche Texte lesen wir, nicht lateinische.
Ja, ja, das ging dir zu weit.

Die Worte meiner Fürstenpredigt haben dir wohl in den Ohren gegellt?
Soll ich sie dir noch einmal wiederholen:
Aufgabe der Fürsten ist es, die Gläubigen vor den Gottlosen zu schützen. Die Obrigkeit ist nicht Herr, sondern Diener des Schwerts. Das Schwertamt ist ihnen von Gott gegeben, die Gottlosen zu vertilgen. Wo sie das nicht tun, wird ihnen das Schwert genommen werden.
Hättest du nicht auf diese Linie einschwenken können?

Statt dessen schreibst du deinen offenen Brief »An die Fürsten von Sachsen vom aufrührerischen Geist«.

Die Geister dürfen aufeinander platzen, das gestehst du uns zu. Aber dann machst du mit dem Fürstenpack gemeinsame Sache: *Wo sie aber mehr tun wollen denn mit dem Wort fechten, und wollen auch brechen und schlagen mit der Faust, so soll Eure Fürstliche Gnaden zugreifen, es seien wir oder sie und sagen: Die Faust haltet stille oder hebt euch zu Land hinaus.*
Was, Doktor Lügner, die gottlosen Regenten soll niemand richten, auch wenn sie Christus mit Füßen treten!?

Warum sagst du denn nicht einmal den Fürsten deine Meinung? Sie sind es doch, die die Menschen nötigen, schinden und schaben! Das nehmen wir nicht mehr hin.
Es reicht nicht, wenn die Bauern ihre Rechte auf Fisch und Wildbret zurückhaben wollen, wenn sie die Nutzung des Holzes im Wald und Acker- und Weiderechte an den dorfeigenen Feldern verlangen, wenn sie ihre Pfarrer selber wählen wollen.
Nein, wir wollen mehr:
Alle Herren müssen weg.
Das Volk selbst soll die Gewalt haben.

Da sagst du, die Bauern sollten lieber Unrecht leiden, als Unrecht zu tun, weil das Kreuz der Christen Recht ist und kein anderes?!
Und forderst die Fürsten auf: *Steche, schlage, würge hier wer kann*?!
Mit der Faust – sagst du – *muss man solchen Aufrührern antworten, dass der Schweiß zur Nase ausgehe.*
Es ist aus. Die Chance ist vertan.
Ich höre schon Fürstenknechte kommen, um mich zu fangen.
Ich hoffe, du wirst es noch bedauern.
Und ich wünsche dir, dass das Blut der getöteten Bauern *nicht* bis zu deinem seligen Ende *auf deinem Halse* sein wird.

Lied

Verleih uns Frieden gnädiglich (EG 421, 2x)

Überleitung

Luther war nicht nur Theologe und Reformator.
Er war auch Mann, Ehemann, Vater, Haushaltsvorstand.
Katharina von Bora, Käthe Luther, die Lutherin erinnert sich an die schweren und schönen Jahre.

Käthe Luther[2]

Dass es gerade Liebe war, als ich ihn heiratete, kann ich nicht sagen. Eigentlich *(versonnen)* wollte ich Hyronimus Baumgarten heiraten. Aber da seine Eltern eine entlaufene Nonne nicht wollten, versuchte man mich mit dem Professor Glatze zu verkuppeln. Aber ich ...
(Wendet sich nun voll der Gemeinde zu)
Ach, Verzeihung, ihr Leut' wisst ja gar nicht Bescheid, wie das alles kam.
Ja, an der Wiege gesungen war es mir nicht, die Frau des berühmten und berüchtigten Doktor Martinus Luther zu werden.
Als meine Mutter starb, musste ich mit sechs Jahren in die Klosterschule. Schon bald stand fest, dass ich Nonne werden sollte. Denn mein Vater konnte mir keine Mitgift geben.
Nicht leicht war es für mich, mit 16 Jahren das Gelübde abzulegen und auf mein irdisches Leben zu verzichten. Aber gelernt habe ich viel.
Zwar lag das Sticken meinen Händen nicht so sehr.
Aber den Kräutergarten pflegen, überhaupt die Landwirtschaft, kochen und Bier brauen – das alles konnte ich später gut gebrauchen.
Und musiziert haben wir, ja, und Latein gelernt.
(nachdenklich) Es war ein stilles und strenges Leben.

Doch so blieb es nicht.
Als ich knapp 20 war, durchzog eine Unruhe das ganze Land.
Von der Freiheit eines Christenmenschen war die Rede.
Bis in unser stilles Kloster drang die Nachricht:
Ein junger Mönch hatte Thesen gegen den Papst veröffentlicht.
Der Inhalt wurde uns bald bekannt.
Und ihr könnt euch denken, dass das Kloster von einer tiefen Unruhe erfasst wurde.
»Der Antichrist, der Leibhaftige«, riefen die einen;
leise flüsternd hofften die anderen, dass etwas neu werden würde in unserer Kirche.

Das hofften auch wir, acht junge Schwestern und ich.
Heimlich sangen wir Luthers Lied »Nun freut euch liebe Christen G'mein«.
Immer mehr gerieten wir in inneren Widerspruch zu unserem Gelübde.
Ach, das war eine schlimme Zeit!

Schließlich schrieben wir an Luther. Ja, wir schrieben ihm um Hilfe.
Und was wir kaum zu hoffen gewagt hatten, das geschah.
Er schickte den Kaufmann Koppe, der uns auf einer Fuhre voller Heringsfässer aus dem Kloster schmuggelte und nach Wittenberg brachte.
Das war im April 1523.

In Wittenberg war es gar nicht so einfach.
Mit meiner Verheiratung ging es hin und her. Aber ich will es kurz machen.
Zwei Jahre später heirateten Martin und ich.
Was ihr so Liebe auf den ersten Blick nennt, war das nicht.
Aber von Anfang an achteten, ja bewunderten wir uns.
Und in den zwanzig Jahren, die unsere Ehe nun währt,
wurde daraus eine tiefe und innige Liebe ...
(versinkt kurz in Gedanken, fährt dann auf)
Glaubt nur nicht, dass es einfach war mit ihm.
(etwas verächtlich) Ja, ja, große Männer ...
Ich dachte, ich kriege ein kräftiges Mannsbild, das mich beschützen kann.
Stattdessen habe ich ihn Zeit seines Lebens umsorgen müssen,
nicht immer konnte ich ihm mit meinen Kräutern Linderung verschaffen.
Gerade in den letzten Jahren ist es schlimm geworden.
(angstvoll) Dass ihm nur nichts zustößt auf seiner Fahrt ...
(wieder gefasst)

Genug Anfeindungen hatten wir auszustehen in Wittenberg, das kann ich Ihnen sagen:
Ein Mönch und eine Nonne! »Unzucht« nannten das die Leute.
Und manche wollten mich, die Kräuterhexe, verbrennen.
Aber wir hatten unsere Arbeit.
Der Kurfürst hatte uns das Schwarze Kloster zum Wohnen überlassen.
Und Martin war nicht eben ein geschickter Handwerker.
So musste ich dafür sorgen, dass das Dach geflickt, die Türen und Fenster hergerichtet wurden und dass der Brunnen wieder Wasser gab.
(*etwas spöttisch*) Martin, der Theolog, hielt das alles nicht für so wichtig.

Nicht einmal ein Geldgeschenk des Mainzer Bischofs, das wir wahrlich gut gebrauchen konnten, wollte er annehmen. *(verschmitzt)* Aber ich habe schon dafür gesorgt, dass die 20 Gulden in unsere Kasse flossen. Eine Kuh, zwei Schweine, Hühner habe ich gekauft, und weiße Farbe für das Kloster.

Sechs Kinder habe ich ihm geschenkt.
Und immer hatten wir Gäste an unserem großen Tisch: Studenten und wandernde Scholaren, Kollegen und Ratsuchende, entlaufene Nonnen und Mönche, Waisenkinder und Flüchtlinge.
Zwanzig Mäuler zu stopfen, das habe ich bald gelernt.
Viel Arbeit war das.

Weil ich schon frühmorgens auf den Beinen war und alles richten musste, hat mich Martin seinen »Morgenstern von Wittenberg« genannt.
Auch »Herr Käthe« nannte er mich bisweilen – denn im Haushalt ging es nach meiner Pfeife, und ab und zu konnte ich ihn sogar bewegen, im Garten zu arbeiten.
Manchmal konnte ich nur milde über ihn lächeln: Kürzlich sagte er doch tatsächlich: *Eine Frau hat häuslich zu sein, das zeigt ihre Beschaffenheit an; Frauen haben nämlich einen breiten Podex und weite Hüften, dass sie sollen stille sitzen.*
Nun ja ...

Was hat mein Martin schon alles geschafft in seinem Leben!
(sorgenvoll) Er müsste sich endlich schonen!
Nun ist er wieder unterwegs nach Eisleben, um den ewigen Streit der Grafen von Mansfeld zu schlichten.
Blass und schwach war er, als er in die Kutsche stieg.
Gut, dass die Söhne bei ihm sind.
Ja, unsere Kinder. Wie liebt er sie!
Wie traurig war er nach dem Tod unserer kleinen Elisabeth.
Und wie untröstlich schluchzte er, als vor zwei Jahren Lenchen starb.
Doch als ich weinte, hielt er mir vor:
»Du sollst Gott danken wie Hiob, hörst du? Der Herr hat's gegeben, der Herr hat's genommen. Unser Töchterlein hat es gut. Wie eine Heilige ist unser Lenchen gestorben. Von allem Bösen erlöst – von den Papisten, den Türken, den falschen Freunden«.
Ja, so ist er.
Selbst unsäglich traurig, tröstet er mich.

Und im selben Atemzug denkt er an die Papisten.
(nachdenklich) Ja, so ist er.

Orgelmeditation

Überleitung

Einer, der Luther lange treu begleitet hat, war Philipp Melanchthon.
Sicher nicht immer einig mit Luther, war er doch einer von denen, die seine Theologie verstanden haben.
Er war es, der im Augsburger Bekenntnis erstmals klar die Position der Reformation formulierte.
Ihn wollen wir als Letzten der Zeitzeugen hören.

Melanchthon

Seit er tot ist, scheinen sie nach allen Seiten auseinander zu laufen.
Lutheraner, Humanisten, Wiedertäufer, Schwärmer.
Was geblieben ist, fragen Sie mich?
Ich – trotz aller Meinungsverschiedenheiten – sage ihm einen dreifachen Dank:
Ich danke ihm für die Rückkehr zur *Schrift*, zum Wort.
Dass er uns zurückgeführt hat – nicht zu den Wörtern, aber – zum Wort der Bibel.
Dass er uns gezeigt hat, nicht die Gesetze und Autoritäten der Kirche sind maßgebend, sondern allein die Schrift. Sie muss immer neu in das Leben jedes Menschen hineingesagt werden.
Ich frage euch, liebe Schwestern und Brüder, so viele Jahrhunderte nach Martin:
Lebt ihr nicht in einer Zeit der Wörter, der Beliebigkeit und der Geschwätzigkeit?
Habt ihr nicht manchmal Sehnsucht, in dem Stimmengewirr wieder Gottes Stimme zu hören – zu vernehmen, was sie uns, nein, dir und dir und dir sagen will?
In der Bibel will uns Gott begegnen – persönlich.
Sie spricht zu uns durch Erfahrungen, die Menschen mit Gott gemacht haben.
Lasst uns die Tragfähigkeit dieser Erfahrungen für unser Leben erproben!

Lasst uns den Zuspruch von Gottes Liebe annehmen, den wir dort hören können!
Und wir wollen uns auch dem Anspruch auf unser Leben stellen und ihm antworten.
Ja, ich danke Martinus, auch in eurem Namen, für die Rückkehr zum Wort.

Weiter danke ich ihm dafür, dass er uns zu *Christus* zurückgeführt hat.
Nicht Mittler helfen uns zu Gott, sondern Jesus Christus.
Er zeigt uns, wie Gott ist: nämlich voraussetzungslos liebend,
und was er will: nämlich uns um jeden Preis mit sich versöhnen.
In niemandem finden wir diese Gewissheit so wie in Jesus Christus.
Denn zu ihm hat sich Gott am Kreuz bekannt.
Mit ihm hat er die Dunkelheit der Welt durchschritten.
Was meint ihr, liebe Schwestern und Brüder:
Wenn wir die Stimme Jesu Christi, des irdischen und des auferstandenen wieder vernähmen?
Wenn wir in ihm das Wesen des liebenden, mitleidenden und heilenden Gottes fänden und glaubten?
Ja, ich danke Martin, dass er uns zu Jesus Christus zurückgeführt hat.

Und ihm danke ich Martinus, dass er uns zum *Glauben* zurückgeführt hat.
Dass er die Gnade Gottes wieder sichtbar gemacht hat
als den einzigen Grund unseres Lebens und unserer Versöhnung,
als eine frei geschenkte Gnade, als ein »Ja« ohne Wenn und Aber.
Was denken Sie, liebe Schwestern und Brüder:
Mir scheint, die Menschen am Beginn des dritten Jahrtausends
leben in einer Zeit, die Leistung und Erfolg zu Götzen macht.
Aber dein Erfolg lässt Gott kalt, er will deine Hingabe, gerade wenn du hilflos bist.
Deine absoluten Gewissheiten lassen ihn schaudern; lieber hört er deine Zweifel.
Ihn interessiert nicht deine Leistung, ihn interessiert deine Liebe.

Lied

Erhalt uns, Herr, bei deinem Wort (EG 193,1-3)

Apostolisches Glaubensbekenntnis

Schlussgebet[3]

Siehe, Herr, ich bin ein leeres Gefäß,
das bedarf sehr, dass man es fülle.
Mein Herr, fülle es.
Ich bin schwach im Glauben; stärke mich.
Ich bin kalt in der Liebe.
Wärme mich und mache mich heiß,
dass meine Liebe herausfließe auf meinen Nächsten.
Ich habe keinen festen, starken Glauben.
Ich zweifele zuzeiten und kann dir nicht völlig vertrauen.
Ach, Herr, hilf mir,
mehre mir den Glauben und das Vertrauen.
Alles, was ich jetzt habe, ist in dir beschlossen.
Ich bin arm, du bist reich
und bist gekommen, dich der Armen zu erbarmen.
Ich bin ein Sünder, du bist gerecht.
Hier bei mir ist die Krankheit der Sünde,
in dir aber ist die Fülle der Gerechtigkeit.
Darum bleibe ich bei dir,
dir muss ich nicht geben, von dir kann ich nur nehmen.

Aaronitischer Segen

Schlusslied

Ein feste Burg (EG 362,1-2)

Anmerkungen

1. Gottesdienst am Reformationstag 1996 in der Frankenberger Kirche in Goslar.
2. In den folgenden Text zu Käthe Luther sind einige Gedanken und Formulierungen aus *William Graffam*, Käthe Luther erzählt, Wendeburg/Bortfeld, o.J., eingeflossen.
3. Mit geringfügigen Veränderungen nach Luther; vgl. *Hans-Joachim Kandler* (Hg.), Gebete Martin Luthers. Eine Gebetshilfe, Bielefeld, 2.Aufl. 1983, S.32.

Frieden neu buchstabieren – Volkstrauertag

Ich erinnere mich an den Gottesdienst[1]:

Nachdenken über den Frieden ist ein fester Bestandteil des Volkstrauertages. Im Gedenken an die Opfer der Kriege und Verfolgungen werden in manchen Gemeinden Gottesdienste zum zentralen Thema »Frieden« gefeiert. Es war uns ein wichtiges Anliegen, an diesem Tag aufzuzeigen, dass Frieden nicht nur in die Hände der politisch Verantwortlichen gehört, sondern sich in jedem Menschen entwickeln muss. Uns wurde deutlich, dass dabei unterschiedliche Aspekte eine Rolle spielen und dass der Frieden sehr unterschiedliche Gesichter haben kann.

»Frieden neu buchstabieren« haben wir deshalb wörtlich genommen. Aus den einzelnen Buchstaben des Wortes »Frieden« bilden wir neue Begriffe, die jeweils eine Möglichkeit aufzeigen, wie und wo Frieden in unserer Gegenwart und in unserem Lebensumfeld pervertiert oder gelebt wird. Aus einem abstrakten Begriff wird so ein konkreter Aufruf.

Andreas Berndt

Orgelvorspiel

Begrüßung

Immer wieder streiten wir uns.
Oft wird ein kleiner Krieg daraus.
Wir sind zusammengekommen,
um uns Frieden durch Gott schenken zu lassen
und um uns die Kraft zu holen, Frieden zu schließen
untereinander und mit allen Menschen.
Die Liebe des väterlichen und mütterlichen Gottes,
die Gemeinschaft des Heiligen Geistes
und der Friede Christi sei allezeit mit euch!

Lied

Sonne der Gerechtigkeit (EG 262, 1-3. 6)

Dieses Lied bietet sich an, weil es bekannt ist und weil es thematisch und theologisch tief ansetzt. Denkbar wäre auch der Kanon »Herr, gib uns deinen Frieden« (EG 436). Im Gesangbuch, das für viele leider immer noch das »neue Gesangbuch« heißt, gibt es eine Vielzahl von Liedern, die in diesem Gottesdienst gesungen werden können. Gut geeignet sind zum Beispiel die aus Israel stammenden Lieder »Hevenu schalom alejchem« (EG 433), dessen Melodie an einen *fröhlichen* Frieden denken lässt, »Schalom chaverim« (EG 434) und »Freunde, dass der Mandelzweig« (EG 620 Regionalteil Niedersachsen und Bremen). Oder: »Gib uns Frieden jeden Tag« (EG 425), »Gib Frieden, Herr, gib Frieden« (EG 430), »Herr, mach die Kirche zum Werkzeug deines Friedens« (EG 615 Regionalteil Niedersachsen und Bremen).

Sündenbekenntnis

1. SprecherIn:

Wir sind zum Gottesdienst zusammengekommen,
um Gottes Wort zu hören und in uns aufzunehmen.
Wir wollen Gott loben und singend und betend unseren Glauben bekennen.
Aber: wir sind in alledem begrenzt.
Deshalb bringen wir auch traurig
unseren Kleinglauben und unsere Schuld vor Gott.
Wir wissen, dass wir oft nicht genug die Ruhe suchen,
um nach dem richtigen Weg zu forschen.
Wir wissen, dass wir oft nicht genug miteinander reden,

um die Wahrheit und das Glück der anderen zu achten.
Wir wissen, dass wir oft nicht eindeutig und mutig genug handeln, um Ungerechtigkeit und Unfrieden zu entlarven.
Mit alledem wenden wir uns zu dir, Gott:
Erbarme dich!

Kyrie

2. SprecherIn:

In unserer Welt gibt es Unfrieden und Krieg,
Terrorismus, Raub und Mord.
Menschen sind rücksichtslos, gehässig und böse.
Sie beleidigen sich und tun einander weh.
Herr, du kamst, um uns den Frieden zu bringen.

Alle: Herr, erbarme dich (EG 178.11)

3. SprecherIn:

In unserer Welt gibt es Kriege, Panzer rollen, Schüsse fallen,
Häuser brennen, ganze Städte werden zerstört.
Menschen müssen flüchten,
andere werden gefoltert und ermordet.
Herr, du kamst, um uns den Frieden zu bringen.

Alle: Herr, erbarme dich (EG 178.11)

4. SprecherIn:

In unserer Welt, in unserer Schule, in unserer Familie,
in unserer Stadt gibt es Lüge, Zank und Streit,
Rache, Neid und Eifersucht.
Herr, du kamst, um uns den Frieden zu bringen.

Alle: Herr, erbarme dich (EG 178.11)

2. SprecherIn:

Herr, wir brauchen den Frieden.
Wir hungern nach Frieden, Freude und Glück.
Vergib uns allen Unfrieden und mache uns bereit, Frieden zu halten und Frieden zu stiften, wo Kampf und Krieg herrschen.

Alle: Herr, erbarme dich (EG 178.11)

Gnadenzuspruch

1. SprecherIn:

Gott erbarmt sich über uns!
Er vergisst seine Kinder nicht.
In alten und in neuen Worten ruft er uns.
So bleibt uns Hoffnung, dass die,
die mit Tränen säen, mit Freuden ernten werden.

Gloria-Lied

Allein Gott in der Höh sei Ehr' (EG 179, 1)

Kollektengebet

Du bist ein Gott des Friedens.
Um uns und in uns aber gibt es viel Unfrieden.
Du hast Jesus, deinen Sohn, zu uns gesandt,
um uns den Frieden zu bringen.
Er ist unser Friede.
Lass uns von ihm lernen, Frieden zu halten
und Frieden zu stiften,
damit dein Reich kommt und
unser Leben heil und gut wird.
Amen.

Textlesung

Jer 8,4-7[2]

Lied

Herr, gib uns deinen Frieden (EG 436) als Kanon

Textlesung

1 Thess 5,13b-23[3]

(Vor allem aber) Lebt in Frieden miteinander.
Außerdem, ihr Lieben, helft denen zurecht,
die leichtsinnig in den Tag hineinleben.
Ermutigt die Verzagten, helft den Schwachen
und bringt für jeden Menschen Geduld und Nachsicht auf.

Keiner von euch soll Böses mit Bösem vergelten,
vielmehr sollt ihr euch bemühen, Gutes zu tun;
und zwar untereinander
wie auch allen anderen Menschen gegenüber.

Seid zu jeder Zeit fröhlich!
Hört niemals auf zu beten.
Vergesst auch nicht, Gott für alles zu danken.
Denn das erwartet Gott von seinen Kindern.

Lasst den Heiligen Geist ungehindert in euch wirken!
Hört auf das, was er euch sagt!
Prüft alles sorgfältig und behaltet nur das Gute!
Das Böse aber – ganz gleich in welcher Form – meidet wie die Pest.

Mein größter Wunsch ist,
dass Gott euch mit seinem Frieden erfüllt
und ihr ohne jede Einschränkung ganz ihm gehört.
Nur so könnt ihr, wenn unser Herr Jesus Christus wiederkommt,
rein und fehlerlos an Geist, Seele und Leib vor ihm erscheinen.

Apostolisches Glaubensbekenntnis

Lied

Unfriede herrscht auf der Erde (EG 617, 1-3 Regionalteil Niedersachsen und Bremen)

Die Friedensbedürftigkeit und die Friedenssehnsucht werden ganz gut in dem Lied »Gib Frieden, Herr, gib Frieden (EG 430) ausgedrückt.

Predigt: Frieden neu buchstabieren (Jer 8, 4 – 7)

(Die Buchstaben des Wortes »Frieden« waren in einer Größe von etwa 50 x 70 cm auf Pappe gemalt worden. Konfirmanden bildeten mit diesen Schildern – zur Gemeinde gewandt – zunächst das Wort »Frieden«, dann die Abwandlungen.)

Die Konfis haben sehr bereitwillig mitgewirkt und noch andere Buchstabenkombinationen gefunden, unter anderem zur großen Freude aller »Ferien«. Wenn man keine sieben Konfirmanden findet, die bereit sind, kann man andere Mitglieder der Gemeinde bitten. Einer der Mitarbeiter der Gruppe hat sich mit sieben Stühlen beholfen, auf die die Schilder gestellt werden; es genügt dann ein Helfer zum Umbuchstabieren.

Die Gnade unseres Herrn Jesus Christus
und die Liebe Gottes und die Gemeinschaft

des Heiligen Geistes sei mit uns allen.
Amen.

Es gibt Leute, die sagen:
»Lasst uns doch den Volkstrauertag endlich abschaffen!
Er hat ausgedient, hat uns heute nichts mehr zu sagen«.
Ich bin ganz anderer Meinung.
Wir werden mit unserer Vergangenheit – auch als Volk – nicht fertig, wenn wir sie vergessen. Wir müssen den Schmerz, die Trauer und auch die Scham, die an unserer Vergangenheit hängen, immer wieder bewusst durchleben, damit die Vergangenheit heilen kann – und fruchtbar werden für die Zukunft.

Und so ist es richtig, wenn wir Deutschen uns heute erinnern:
an die Angst, die wir hatten, als wir uns in den Bombennächten im Keller verkriechen mussten, in Dresden oder in Braunschweig.
Es ist nötig, dass wir uns an den Schmerz erinnern, den wir empfanden, als wir die Nachricht vom Tod des Mannes, der Schwester, des Vaters erhielten,
an den Zorn und die Verzweiflung, als wir einen letzten Blick auf die Trümmer unseres Hauses, unser Lebenswerk oder auf unsere Heimat warfen, die wir auf der Flucht verlassen mussten.

Aber dies ist nur die halbe Erinnerung,
wenn wir nicht auch an das andere denken:
an die Angst der Menschen im englischen Coventry, als sie sich 14 Stunden lang vor den deutschen Bombern in ihren Kellern verkriechen mussten; an ihren Zorn, als sie vor den Trümmern ihres Hauses, ihres Lebenswerkes standen,
an den Schmerz der amerikanischen Mutter, als sie die Nachricht vom Tod ihres Sohnes erhielt,
an die Verzweiflung der vielen Polen (die ja ihrerseits nach Westen vertrieben wurden), als sie einen letzten Blick auf ihre geliebte Heimat warfen.

An alles das wollen wir heute denken.
Aber wir wollen es nicht mit der Vorstellung tun, man könne die Schuld der einen Seite gegen die der anderen aufrechnen.
Denn wenn wir das tun, kleben wir an der Vergangenheit.

Der Predigttext aus dem Buch des Propheten Jeremia weist uns einen ganz anderen Weg.
Hören Sie noch einmal den Anfang:

So spricht der Herr:
Wenn jemand hinfällt, steht er dann nicht schnell wieder auf?
Wenn jemand vom Weg abkommt, kehrt der nicht gleich wieder um?
Warum bleibt Jerusalem bei seinen falschen Göttern
und weigert sich, zu mir zurückzukehren?
Warum hält es am Irrtum fest, weigert sich umzukehren?

Geradezu kopfschüttelnd und tief bekümmert hält Gott uns dies durch den Propheten entgegen.
Und voller Liebe und mit unerschöpflicher Geduld fordert er uns auf,
nicht bei dem Alten hängen zu bleiben,
nicht darauf zu beharren, die alten Irrwege weiterzugehen,
uns nicht hinter unserer Trauer zu verschanzen,
uns nicht mit Vorwürfen oder gegenseitiger Aufrechnung von Schuld abzuschotten gegen die anderen.
Sondern wir sollen aufstehen, umkehren.
Um Umkehr geht es. Kurswechsel. Neubesinnung.
Und genau das ist es auch, was wir Christen zum Volkstrauertag zu sagen haben.
Weg von dem Weg der Vorwürfe, der Anklage, des Aufrechnens und hin auf den Weg des Verstehens, des Einfühlens, der Vergebung – kurz: auf den Weg des Friedens.

FRIEDEN

(Die Konfirmanden haben sich inzwischen in der Buchstabenfolge des Wortes »Frieden« aufgestellt, die Buchstaben der Gemeinde zugewandt.)

Gott sucht Menschen, die bereit sind, zum Frieden umzukehren.
Freilich ist das, was »Frieden« bedeutet, immer wieder falsch buchstabiert, immer wieder missbraucht worden.
Oft genug wurde etwas als Frieden ausgegeben, was eigentlich nur Unterdrückung war.
Wenn wir uns am Volkstrauertag vergegenwärtigen,
wie viele Verantwortliche vor den Weltkriegen das Wort vom Frieden im Mund führten,
wie sie auch in heutigen Kriegen angeblich alle den Frieden wollen,
dann werden wir nachdenklich.
Wir fragen uns, welchen Frieden buchstabieren die da eigentlich?

NEID

(Die Konfirmanden haben jetzt den aus Buchstaben des Wortes »Frieden« das Wort »Neid« gebildet.)

Meinen sie den Frieden, der auf Neid, Konkurrenz, Kampf beruht, bei dem es auf allen Seiten darum geht, das größte Stück vom Kuchen zu erwischen und dann schnell einen sogenannten Friedensvertrag zu schließen,
bei dem die Beteiligten nur deshalb Frieden geben, wie man so sagt, weil sie endlich erkennen, dass sie nicht mehr erreichen können, ohne ihre völlige Vernichtung zu riskieren –
wo Frieden nicht viel mehr ist als die Abwesenheit von Krieg?
Da wird dann Friede unversehens so buchstabiert:

FEIND

(Die Konfirmanden bilden alle weiteren Worte aus den Buchstaben.)

Meinen wir das mit Frieden?
Wo die Feindseligkeit nur unvollkommen hinter Friedensgerede versteckt ist?
Wo Frieden zum Lippenbekenntnis wird
oder gar zum willkommenen Deckmäntelchen, den Feind umso brutaler zu schlagen?
Dieser Friede kann ja wohl nicht gemeint sein.
Wir müssen »Frieden« anders buchstabieren.
Ganz anders!!
Lassen Sie es uns versuchen!

FREI

Was meinen Sie dazu?
Damit wir uns nicht missverstehen: Ich meine nicht Libertinage, sondern die Freiheit, die ein Christ sich schenken lassen kann.
Diese Freiheit erweist sich – wenn wir nur ein wenig darüber nachdenken – tatsächlich als die wichtigste Voraussetzung für den Frieden, den wir hier meinen.
Wer innerlich unfrei ist, kann nicht auf andere zugehen, kann nicht Frieden halten, ist nicht friedensfähig. Denn er ist ferngesteuert von seinen Vorbehalten, seinen Vorurteilen, seinem Eigennutz, seinen Bindungen – auch seinen Schuldgefühlen.
Aber das braucht ja nicht so zu bleiben!

Jeremia sagt uns die Botschaft Gottes:
Menschenskind, wenn du hingefallen bist, dann steh doch auf!
Wenn du vom Weg abgekommen bist, dann kehr doch um!
Wir haben das klare Angebot der Bibel:
Wen Jesus frei macht, der ist wirklich frei.
Nicht nur von Schuld will er uns freimachen.
Auch frei von Bindungen,
frei von Vorwürfen, von dem Anklagen anderer,
von diesem entsetzlichen Nachtragen von Schuld.
Er streift, wenn wir ihn bitten, nach und nach alle diese seelischen Gummibänder ab, die uns festhalten und uns immer wieder in unsere Vergangenheit zurückkatapultieren wollen.
So gibt er uns die Freiheit, die uns friedensfähig macht.
Nun sind wir auf dem richtigen Weg mit unserem Friedens-Alphabet!

DIENEN
Nanu! Dienen?
Gefällt Ihnen das auch?
Frei sein wollen wir wohl, aber dienen?
Und doch ist das Dienen die vielleicht wirksamste Tätigkeit des Friedensstifters.
Denken Sie an Jesus, wie er, der Meister, der Rabbi, seinen Schülern die Füße wusch, und damit das handgreiflichste Zeichen seiner Liebe gab.
Können Sie sich vorstellen, dass da noch irgendeiner gestritten hat? Selbst der vorlaute Petrus hat schließlich den Mund gehalten, weil er überwältigt war von der Liebe Jesu, und das heißt, von seiner Bereitschaft, dem Leben der anderen zu dienen.
Mutter Teresa und ihre Schwestern, Tausende von Männern und Frauen, stille Helfer in Gemeinden, die nicht nur die Kollekte geben, sondern die etwas opfern – sie sind Beispiele für ein Dienen, das Frieden stiftet.
Sehen wir weiter!

EIFER
Auch wenn das Dienen ein wichtiges Element des Friedens ist, so bedeutet das doch nicht, dass der Frieden uns in den Schoß fiele. Auch Eifer ist gefragt. Wir müssen uns schon ein wenig für den Frieden einsetzen.

Dabei ist nicht jener Eifer gemeint, dem der Schaum vor dem Mund steht.
Sondern eher das, was mit dem Wort »eifrig« umschrieben ist:
Frieden zu stiften braucht den Einsatz unserer Kräfte.
Es will unsere Fantasie und Kreativität wecken.
Es fordert unser gemeinschaftliches, solidarisches Handeln heraus.
Ob wir mit Ausdauer einsame und kranke Menschen besuchen,
ob wir uns uneigennützig Asylsuchenden widmen,
ob wir einem Patenkind in einem Entwicklungsland eine Ausbildung ermöglichen, mit der es sich selbst unterhalten kann,
ob wir in einem zerstrittenen Verein nachdrücklich auf Versöhnung bestehen,
ob wir mit »eifriger Fantasie« in der Ehe immer wieder Wege der Vergebung suchen – immer sind wir eifrig für den Frieden.
Das ist gemeint.
Und noch etwas finden wir beim Neu-Buchstabieren des Friedens:

REIFE

Frieden hat mit Reife zu tun.
Man könnte es so sagen, wie ich es kürzlich irgendwo gelesen habe:
Einsatz für den Frieden setzt viel Erfahrung, Ausgeglichenheit, Gelassenheit und Weisheit voraus.
Das ist ein wunderschöner Satz. Aber ein Satz zum Verzweifeln.
Nur erfahrene, ausgeglichene, gelassene, weise Menschen sollen Friedensstifter sein?
Umgekehrt wird ein Schuh daraus:
Wir reifen, indem wir Frieden stiften.
Wir reifen, wenn wir die vielen kleinen Schritte der Versöhnung wahrnehmen, die täglich in unserem Leben möglich sind.
Wir reifen, wenn wir es wagen, diese Schritte auch zu gehen.
Und wir reifen, wenn wir es ertragen lernen, dass wir dabei Enttäuschungen oder Spott erleben.
Wer mit kleinen Schritten beginnt, Frieden zu stiften, der wird ein reifer Mensch.
Und noch eines:

REDEN

Manchmal müssen wir schweigen, um dem Frieden zu dienen.
Denn man kann den Frieden auch mit Worthülsen totreden.

Aber manchmal muss geredet werden:
Als Jesus gefangen genommen worden war, hat er fast nur geschwiegen.
Aber er hat in dem Augenblick gesprochen, als handgreifliches Unrecht geschah, als er nämlich entgegen allen Regeln des Prozesses geschlagen wurde.
Warum schlägst du mich?
Und so müssen auch wir
reden, wenn der Frieden geschlagen und mit den Füßen getreten wird,
widersprechen, wenn Unrecht bemäntelt und gerechtfertigt wird,
Farbe bekennen, wo Macht sich gegen Schwache durchsetzen will,
protestieren, wo immer Ideologien wichtiger scheinen als die Liebe zum Nächsten.
Reden – auch das gehört zum Frieden.
Alles, was wir bisher buchstabiert haben, weist auf die Menschen hin.
Aber der Frieden hat noch eine weitere Dimension, die nachdrücklich an unseren Frieden mit Gott erinnert:

ERDE
Kaum irgendwo verhalten wir uns so unfriedlich wie gegenüber unserer Erde.
Gott hat uns durch Jesus das Angebot seines Friedens gemacht.
Und wir erklären ihm den Krieg, indem wir seine Schöpfung zunichte machen.
Und wenn die ganze Menschheit ein Herz und eine Seele wäre und hätte keinen Frieden mit der Schöpfung, so wäre es nichts nütze.
Hier öffnet sich uns allen ein breites Feld, Frieden zu halten und Frieden zu stiften.
Lasst uns die Schöpfung wieder entdecken als das Bilderbuch Gottes!
Lasst uns in diesem Bilderbuch blättern und darüber staunen,
wie sich die Liebe Gottes in jeder Blüte
und jedem Schmetterling zeigt,
in der Fülle der Ressourcen, von denen wir leben,
in dem fein abgestimmten Gleichgewicht aller Naturkreisläufe,
von Sommer und Winter, von Leben und Sterben.
Und lasst aus diesem Staunen eine neue Kraft wachsen, die uns

mutig macht, uns für diese wunder-volle Schöpfung einzusetzen.
Besser können wir nicht Frieden stiften.
Und zum letzten Mal buchstabieren wir:

FEIERN

Feiern? Ja, genau, Frieden als Feier.
Das Leben als eine Friedensfeier der Menschen.
Der Menschen,
die sich freuen an dem lebendigen und gütigen Gott,
die frei sein dürfen und deshalb auch dienen können,
die reifen und deshalb nicht stumm bleiben,
die sich an der wunder-vollen Schöpfung erfreuen und für sie eintreten
und die sich im Gottesdienst versammeln, um gemeinsam den Frieden neu zu buchstabieren.
Versuchen Sie, mit Ihrem Leben den Frieden neu zu buchstabieren.

FRIEDEN

(Die Konfirmanden stellen das Wort noch einmal und so bleibt es bis zum Schluss stehen).

Lassen Sie Ihr Leben zu einer Feier des Friedens werden.
Amen.
Und der Friede, den Gott mit uns feiern will,
beflügele unsere Herzen und Sinne und Hände.
Amen.

Sie haben sicher bemerkt, dass bei unserem Buchstabieren immer einmal der eine oder andere Buchstabe übrig blieb.
Das ist kein Fehler.
Denn den Frieden, den wir meinen, haben wir ja auch nie am Stück, sondern immer nur in Scheiben, Teilen, einzelnen Aspekten.
Er setzt sich zusammen aus vielen Einzelteilen und Einzelhandlungen.
Erst alle zusammen machen das aus, was wir Frieden nennen.
Deshalb ist auch jeder von uns aufgerufen, seinen kleinen Beitrag zu geben.
Wir wollen das heute Morgen tun, indem wir unseren Nachbarn ein Zeichen oder ein Wort des Friedens schenken.
Danke!

Chorlied

Selig sind, die Frieden stiften[4]

Wenn man einen guten Sänger/Gitarristen zu Verfügung hat oder sich ein wenig Zeit zum Einüben nimmt, kann auch gesungen werden: *Manfred Siebald* »Friede, Friede, Friede sei mit dir« 143 (siehe Liedanhang).

Abkündigungen

Lied

Komm, Herr, segne uns (EG 170, 1-4)

Fürbitten

1. SprecherIn:

Wir wollen Gott bitten um Frieden für alle Menschen, um Frieden für uns.
Wir tun es mit den Worten des Franz von Assisi:
Es wird neuerdings bestritten, dass die Worte von Franz von Assisi stammen. Man wird kaum jemals erfahren, wer Recht hat. Das sollte jedoch nicht daran hindern, das Gebet auch künftig gerne zu sprechen.

Herr, mache mich zu einem Werkzeug deines Friedens!

Alle: *Herr, mache mich zu einem Werkzeug deines Friedens!*

2. SprecherIn:

Herr, hilf mir,
dass ich lieben kann, wo Menschen sich hassen,
dass ich verzeihe, wo man sich beleidigt.

Alle: *Herr, mache mich zu einem Werkzeug deines Friedens!*

3. SprecherIn:

Herr, hilf mir,
dass ich Freude bringe, wo Menschen krank oder einsam sind,
wo Menschen Kummer haben oder weinen,
dass ich Frieden bringe, wo man sich streitet.

Alle: *Herr, mache mich zu einem Werkzeug deines Friedens!*

4. SprecherIn:

Herr, hilf mir,
dass ich die Wahrheit sage, wo Irrtum herrscht,
dass ich den Glauben bringe, wo man zweifelt.

Alle: *Herr, mache mich zu einem Werkzeug deines Friedens!*

5. SprecherIn:

Herr, hilf mir,
dass ich Hoffnung wecke,
wo Menschen mutlos und verzweifelt sind,
dass ich dein Licht anzünde, wo es dunkel ist.

Alle: *Herr, mache mich zu einem Werkzeug deines Friedens!*

Vaterunser/Sendung/Segen

Orgelnachspiel

(Die Gemeinde wird eingeladen, sitzen zu bleiben)

Anmerkungen

1. Gottesdienst am Volkstrauertag 1995 in Goslar Oker (Martin-Luther-Gemeinde).
2. Übersetzung »Gute Nachricht«.
3. Übersetzung »Hoffnung für alle« (Brunnen-Verlag).
4. Chor-Satz, Text und Melodie: Peter Strauch (nach Mt 5, 9);
   Satz: Klaus Heizmann (Hänssler-Verlag).

Tag der Befreiung – Buß- und Bettag

Ich erinnere mich an den Gottesdienst[1]*:*

Das Wort Buße hat eine tiefe und große Bedeutung für mein Leben: Ich möchte angenommen sein – ganz, mit meinen Fragen und Zweifeln, meinem Versagen und meiner Unvollkommenheit: »Warum geschieht dies mir? Warum gerade ich?« Wenn mir die Antwort »Du wirst mich tragen, mein Gott, zu dir« wie Trost und tiefe innere Ruhe zuteil wird, begreife ich, was Buße für mich sein soll. Dann kann ich zugreifen, dann beuge ich mich und mein Verstand rebelliert nicht mehr.

Davon wollten wir in diesem Gottesdienst etwas vermitteln. Das Kyrie greift fragend und zweifelnd die Zusagen des vorher gelesenen Ps 130 auf, ist aber auch von der Gewissheit getragen, dass Gott uns hört und uns sucht, gerade wenn wir in die falsche Richtung gegangen sind. Das Kollektengebet erinnert daran, dass unsere alte Schuld nicht schweigt, aber – wenn wir uns ihr stellen – von Gottes Liebe aufgelöst werden kann. Die Epistel wird so gelesen, dass die bedrohlichen Fragen des Schreibers an seine Gemeinde zu meinen Fragen an mich werden. Die Predigt zu Lk 13,1-9 nähert sich dem Thema Schuld und Gnade von verschiedenen Aspekten her, nimmt dabei Redundanzen in Kauf. Mit den Blättern können die Gottesdienstbesucher, die dies wollen, ihre Angst, ihre Sorgen oder ihre Schuld zum Altar tragen – in der Gewissheit, dass sie in Gottes Hand sind. So kann man Vertrauen wagen (EG 607,1-5).

Helga Rang

Begrüßung am Eingang

Alle BesucherInnen erhalten ein trockenes Blatt von einem Baum, weiter Text und Melodie zu »Aus der Tiefe rufe ich zu dir, höre meine Klagen« (EG 597 Regionalteil Niedersachsen und Bremen).

Orgelvorspiel

Einleitung zum Gottesdienst mit Abkündigungen

Lied

Du hast uns, Herr, gerufen (EG 168,1-3)

Psalm 130 im Wechsel mit der Gemeinde (EG 751)

Aus der Tiefe rufe ich, Herr, zu dir. Herr, höre meine Stimme!
Lass deine Ohren merken auf die Stimme meines Flehens!
    Wenn du, Herr, Sünden anrechnen willst –
    Herr, wer wird bestehen?
Denn bei dir ist die Vergebung,
dass man dich fürchte.
    Ich harre des Herrn, meine Seele harret;
    und ich hoffe auf sein Wort.
Meine Seele wartet auf den Herrn mehr als die Wächter auf den Morgen;
mehr als die Wächter auf den Morgen hoffe Israel auf den Herrn!
    Denn bei dem Herrn ist die Gnade und viel Erlösung bei ihm.
    Und er wird Israel erlösen aus allen seinen Sünden.

Kyrie

Alle:

Aus der Tiefe rufe ich zu dir; Herr, höre meine Klagen.
Aus der Tiefe rufe ich zu dir; Herr, höre meine Fragen. (EG 597)

1. SprecherIn:

Manchmal rufe ich aus der Tiefe,
aber ich bemerke nichts von einem Ohr über den Wolken,
das mich hört.
Manchmal denke ich: Die Zeit muss meine Wunden heilen;
denn Gott tut es nicht.

Manchmal mag ich auch nichts hören von dem Leid,
das andere quält.
Manchmal scheint der Himmel verschlossen wie von einer Decke,
die jeden Laut schluckt.
Wo ist der, der mein Klagen hört?

Alle: Aus der Tiefe rufe ich zu dir…

2. SprecherIn:

Gott hört!
Der die Halme wachsen und das Meer rauschen lässt,
der die Vögel mit dem Gesang beschenkt
und uns mit Bildern und Worten
– dieser Gott achtet sorgsam auf jeden Laut,
und auch auf deinen stummen Schrei.
So wie eine Mutter auf das Atmen lauscht,
so hört der Herr allen Lebens voller Liebe auf dich.
Welch ein Gott!

1. SprecherIn:

Manchmal fürchte ich zu versinken aus Scham über das,
was ich getan habe.
Manchmal sehe ich gleichgültig zu,
wie Menschen straucheln und fallen,
stelle mich nicht neben sie.
Manchmal wankt der Boden unter meinen Füßen
wegen der Demütigungen, die andere über mich brachten.
Nein, erhobenen Hauptes kann ich dann nicht mehr stehen,
kann nicht mehr aufblicken zu Gott, meiner Hilfe.
Wo ist Gott, der mich aufrichtet, stützt und hält?
Wo ist der, der mein Klagen hört?

Alle: Aus der Tiefe rufe ich zu dir…

2. SprecherIn:

Gott wartet nicht ab, bis du aufblickst zu ihm.
Er verschränkt nicht die Arme und sieht zu.
Nein, Gott ist Mensch geworden, hat sich selbst Blößen gegeben.
Er selbst führt uns durch die Tiefen hindurch,

führt uns auch aus der Schuld heraus.
Er erleidet den Tod, um selbst dort noch bei uns zu sein.
Welch ein Gott!

1. SprecherIn:

Aber manchmal ziehen Schatten über das Bild,
das ich von Gott habe.
Dann erscheint er mir so fremd und abweisend,
ein bedrohlicher Richter, der mich erschreckt.
Wohin soll ich mich denn wenden, wenn nicht an Gott!?
Wo ist der, der mein Klagen hört?

Alle: Aus der Tiefe rufe ich zu dir…

2. SprecherIn:

Gott sucht dich gerade im Dunkeln.
Aus der Tiefe deiner Enttäuschung will er dich holen.
Aus dem Loch deiner Zweifel führt er dich ans Licht.
Enttäuschung wandelt er in Erfahrung, Zweifel in Erkenntnis.
So macht er dich frei.
Welch ein Gott!

Sofort und ohne Überleitung:

Lied

Ich lobe meinen Gott (EG 272)

Kollektengebet

O Gott,
wir wollen nicht gern erinnert werden an unsere Versäumnisse,
unsere Schuld drängen wir beiseite.
Aber wir wissen,
unsere Vergangenheit ist nicht tot, ist nicht vergangen,
unsere alte Schuld schweigt nicht,
sie redet noch heute in unser Leben hinein.
Deshalb bitten wir dich, Vater, Mutter, um den Mut,
das mit offenen Augen anzuschauen, was wir angerichtet haben,
von dem zu reden, was wir lieber verschweigen würden,

die Schuld anzuerkennen, die uns drückt
und die von dir und anderen trennt.
Lass uns auf deine Barmherzigkeit vertrauen,
die stärker ist als der Sog unserer Vergangenheit.
Wir wollen deiner Liebe trauen, uns auf deine Gnade verlassen.
Du stellst unsere Füße auf einen weiten Raum.

Epistel

Röm 2,2-5b

Gelesen aus der »Guten Nachricht«. Die Wiederholung jedes Satzes in der Ich-Form sollte Betroffenheit auslösen: Bin etwa auch ich gemeint? Die Befürchtung, dass diese Form bedrohlich wirken könnte, hat sich nicht bestätigt. Wenn ein Gottesdienst uns nicht heraus-fordert – aus Angst, Sorgen, Schuld, Trauer –, können wir auch zu Hause bleiben.

1. SprecherIn:

Wir wissen: Über die Menschen, die Böses tun, wird Gott ein unbestechliches Gericht halten.

2. SprecherIn:

(aus einer Kirchenbank heraus, unvermittelt aufstehend):
Ich weiß: Über alle Menschen, die Böses tun, wird Gott ein unbestechliches Gericht halten.

1. SprecherIn:

Wie wollt ihr da der Strafe entgehen, wo ihr doch genau das tut, was ihr an den anderen verurteilt?

2. SprecherIn:

Wie will *ich* da der Strafe entgehen, wo ich doch genau das tue, was ich an den anderen verurteile?

1. SprecherIn:

Missachtet ihr die große Güte, Nachsicht und Geduld,
die Gott euch bis jetzt erwiesen hat?

2. SprecherIn:

Missachte *ich* nicht die große Güte, Nachsicht und Geduld,
die Gott mir bis jetzt erwiesen hat?

1. SprecherIn:

Seht ihr nicht, dass er euch durch seine Güte zur Umkehr bewegen will?

2. SprecherIn:

Sehe *ich* nicht, dass er mich durch seine Güte zur Umkehr bewegen will?

1. SprecherIn:

Aber ihr kommt nicht zur Einsicht und wollt euch nicht ändern.
Damit häuft ihr ständig noch mehr Schuld auf
und bereitet euch selbst das Verderben.

2. SprecherIn:

Aber *ich* komme nicht zur Einsicht und will mich nicht ändern.
Damit häufe ich ständig noch mehr Schuld auf
und bereite mir selbst das Verderben.

Kurze Stille

Lied

Aus tiefer Not schrei ich zu dir (EG 299,1.2.5)

Oder »Aus tiefer Not lasst uns zu Gott« (EG 144,1-4)

Evangelium

Lk 13,1-9

Präfamen

Die Jünger machten sich wieder einmal darüber Gedanken, wer von den anderen Menschen in das Himmelreich kommen werde. Aber wir sollen uns nicht über das Seelenheil der anderen das Maul zerreißen – um uns geht es – um dich und mich.
Wenn ihr nicht Buße tut, werdet ihr alle umkommen, sagte Jesus.
Und dann erzählte er ihnen ein Gleichnis:

Textlesung

Lk 13,1-9

Predigt zu Lk 13,1-9

Einleitung

Wir ahnen es: Der Baum sind wir!
Wir sind gefragt:
Hat unser Leben in den Augen Gottes Bestand?
Eine bedrohliche Frage!
Wie stehen wir vor Gott da?
Der eine pocht auf das, was er schon geleistet hat.
Der andere reibt sich daran, wie hart dieser Herr ist.
Wir wollen einmal zuhören, was an Gedanken und Gefühlen in einem Baum vorgeht, der durch diese Lebensfrage: *Wie stehe ich vor Gott da?* im Tiefsten herausgefordert ist.
Und wir wollen uns fragen: Sind das vielleicht wir, dieser Baum?

Die folgenden Texte sind von verschiedenen Verfassern anhand der Orientierungspunkte »Baum«, »Früchte« und »Wurzeln« geschrieben worden. Überschneidungen wurden dabei in Kauf genommen. Ebenso werden die stilistischen Vorlieben der Verfasser deutlich. Diese wurden bewusst beibehalten, denn auch die Gottesdienst*besucher* sind verschieden.

1. SprecherIn:

Ich soll abgehauen werden?!
Das ist unmöglich!
Sicher: Ich habe bisher noch wenig Früchte hervorgebracht.
Aber deshalb muss man einen jungen Baum doch nicht gleich abhauen.
Was ist der Weinbergbesitzer für ein Mensch?
Er beurteilt mich wohl ausschließlich nach meinem Nutzen.
Aber es gibt doch auch noch andere wichtige Dinge?
Ich treibe doch Knospen, Zweige und Äste;
ich trage doch Blätter an mir als Zeichen des Lebens!
Ja, es stimmt:
Das Einzige, was bisher an mir gewachsen ist, die Blätter,
sie welken und fallen ab.
Aber erst durch ihr Herunterfallen machen sie doch Platz für das Entstehen neuer Knospen.

Ist denn der Weinbergbesitzer für all diese Dinge blind?
Sieht er denn nicht, dass ich wachse und ganz bestimmt einmal ein Baum *sein werde*, der viele gute Früchte trägt?
Versteht er denn nicht, dass ich etwas *mehr Zeit* brauche?
Warum ist er nur so ungeduldig?
Er selbst hat mich doch pflanzen lassen!
Ja, sogar den Weingärtner hat er immer wieder beauftragt, meine Zweige zu beschneiden
und den Boden um mich herum zu düngen.
Das soll vergeblich gewesen sein?
Ich kann es nicht glauben!

Der *Weingärtner* ist ganz anders.
Er weiß, welch ein Aufwand bereits in mir steckt.
Er tritt für mich ein. Er gibt mich noch nicht auf.
Er sieht, welche Möglichkeiten in mir schlummern.
»Lass ihn noch dieses eine Jahr«,
hat er zum Weinbergbesitzer gesagt.
Ich erhalte noch einmal Nahrung und Freiheit, mich zu entfalten.
Auch ich kann Frucht bringen.

Stille

2. SprecherIn:

Habe ich richtig verstanden, ich soll umgehauen werden?
Was ist das eigentlich für ein Gartenbesitzer?
Hart scheint er mir und unerbittlich.
Nun habe ich mal zwei Jahre keine Früchte getragen
und er will mich umhauen.
Hat der denn kein Erbarmen, keine Seele im Leib?
Hat der denn ganz vergessen, was ich ihm in all den Jahren einbrachte?
Es waren viele Früchte, klein zwar, aber doch voll guten Geschmacks.
Die kranken fielen ja sowieso herunter.
Sieht der Besitzer denn nur auf den Gewinn, nur auf den Erfolg?
Kommt es gar nicht mehr darauf an, was in einem steckt,
welche Leistungen man bei guter Pflege noch bringen könnte?
Sieht er denn nicht, dass jede einzelne meiner kleinen Früchte etwas Besonderes, etwas Auserlesenes war?
Da stehe ich nun, der Baum mit den kleinen Früchten.

Wie lange noch?

Wäre doch *dieser Gärtner* eher gekommen und hätte ein Wort für mich eingelegt!
Der scheint ein vernünftiger Mann zu sein.
Der hat gemerkt, woran ich kranke.
Ich bin einfach ausgezehrt.
All die Jahre brachte ich immer Früchte – und was für Nahrung bekam ich? Keine! Gespart hat der Gartenbesitzer;
ach was, ausgebeutet hat der mich, ausgebeutet!
Immer nur eifrig genommen, aber nie die richtige Nahrung gegeben!
Vielleicht schafft der Gärtner es ja, dass ich noch eine Chance bekomme – und auch die entsprechende Nahrung.
Was glaubt ihr wohl, was ich mich dann anstrengen werde, Früchte zu erbringen.
Und was für Früchte ich bringen werde, ihr werdet staunen!

Stille

3. SprecherIn:

Das Erdreich deckt mich, das Frühjahr weckt mich
mit den ersten Sonnenstrahlen,
wenn geschmolzener Schnee tief in die Erde dringt,
das Wasser bis an meine feinsten Wurzeln rinnt –
dann beginnt das Wachstum neu.
Bis dahin hab ich nur geruht,
das war lebenswichtig, das war gut,
doch war ich ohne Unterlass wohl auf der Hut,
dass Herbst- und Winterstürme mir nicht schaden konnten.
Auch dann, wenn heiße Sommersonnenstrahlen
mein Blatt- und Blütenwerk zur vollen Reife trieben,
musst ich darauf achten, dass meine Wurzeln
sich nicht an scharfen, spitzen Steinen rieben.
Was für ein Leben unten in der Erde –
in allen Wurzelkammern, –
sie müssen halten, sich fest anklammern,
um weiter, immer weiter in tief're Schichten vorzudringen.

Welch eine Arbeit!!

Ich spüre mein Unvermögen;
wenn meine Kraft zum Wachsen nicht ausreicht
gegen Trockenheit und Nahrungsmangel –
dann möchte ich aufgeben,
Anstrengung fallen lassen.
Wo kommt die Kraft mir her, die immer neue Kraft?

Wie soll es gehen?
Werd ich im nächsten Jahr die Sonne sehen?
Ich kann's kaum glauben.
Mir fehlt die Kraft,
die dieses Wunder nochmal schafft.

Und doch – da brach was ein!
Wasser, Sonne, Licht – kann es wahr sein?
Ich lass es fallen – das, was ich zu halten suchte,
worüber ich mal schimpfte und auch fluchte –
ich gebe auf, mich daran fest zu halten
und lasse neu das Leben sich in mir entfalten.
Lass alle alten Teile deiner Wurzel sterben!
Tief in der Erde – erneuere dich – werde.
Werde so, wie es ein Plan von Ewigkeit
für dich hat vorgesehen.
Lass geschehen,
dass deine Wurzeln wieder neu werden.
Das Alte muss an dir absterben – für immer neues Leben!
Bedenke eins: Du darfst nicht stehen bleiben,
nicht mit dem Wachsen innehalten – Gott wartet immer.
Sei bereit.

Stille

Text zur Einleitung der Blätter-Aktion

Wir bitten Sie nun, das Blatt von dem Baum in die Hand zu nehmen,
das wir Ihnen am Eingang gegeben haben.
Schauen Sie es an.
Sehen Sie in ihm ein Bild für unser Leben!
Den Lauf des Lebens, den wir immer wieder durchwandern.
Den Lauf auch unseres Lebens mit Gott.

Fruchtbare Zeiten, in denen wir tief in seinem Wort und seiner Liebe wurzelten.
Traurige Zeiten, wenn unsere Früchte nicht so reiften, wie wir wollten.
Zeiten des Glücks, in denen wir anderen Schutz und Schatten gaben.
Zeiten auch, in denen wir das Alte loslassen,
die alten welken Blätter fallen lassen mussten,
um dem Neuen Platz zu machen, das Gott in uns bewirken will.
Düngen, jäten, pflegen kann der Gärtner nur einen Baum,
der bereit ist, sich in diesen Kreislauf zu fügen.
Das heißt für uns:
Gott kann mit mir und dir nur etwas anfangen,
wenn wir bereit sind, die alten Blätter fallen zu lassen:
Unsere Vorwürfe nicht festzuhalten,
unsere Schuld ihm hinzugeben,
uns ihm anzuvertrauen.

Schauen Sie Ihr Blatt an und überlegen Sie,
was Sie Gott hinlegen möchten:
An Ärger und Schuld, an Trauer und Vorwürfen,
an Dank und Freude,
damit wieder Neues wachsen kann
in dem Frühling unseres Lebens, den Gott schon vorbereitet hat.
Und wenn Sie mögen, gehen Sie still zum Altar und legen Sie dort Ihr Blatt ab.

Während leise die Orgel spielt, können die Gemeindemitglieder ihre Blätter auf dem Altar ablegen.

Apostolisches Glaubensbekenntnis

Lied

Vertrauen wagen (EG 607,1-5 Regionalteil Niedersachsen und Bremen)

Fürbittengebet

Gott, gütiger Vater, barmherzige Mutter:
Wir denken an das Leid,
das wir anderen zugefügt haben,
an manche abwertende Bemerkung,

an unsere Gleichgültigkeit, wo Menschen litten,
an unsere Ängstlichkeit, wo Widerstand angezeigt war,
an unseren Egoismus, wo wir hätten teilen müssen.
Gottm, dies alles tut uns herzlich Leid,
und wir bitten dich um deine Vergebung.

Wir denken auch an die,
die ein Wort der Reue nicht mehr über die Lippen bekommen,
die so verhärtet sind, dass sie das Leid anderer nicht mehr sehen.
Wir bitten dich, öffne heute ihr Herz für deine Liebe
und ihren Mund, damit sie zu dir sprechen können.

Denn, Herr, *dies* ist unsere Hoffnung:
Du rechnest nicht mit uns ab nach dem Maß unserer Schuld.
Du liebst uns mehr, als Mutter und Vater uns je lieben konnten.
Deine Geduld mit uns kennt keine Grenzen.
Du haust den Baum noch nicht um.
Deine Vergebung lässt uns aufatmen und macht uns fähig,
auch anderen zu vergeben und sie um Verzeihung zu bitten.
Dein Sohn hat unsere Schuld am Kreuz auf sich genommen,
damit wir sie wie ein welkes Blatt abwerfen können
und frei werden zu einem neuen Beginn.

Alles, was wir noch erbitten wollen, schließen wir ein in die Worte, die uns unser Bruder und Herr Jesus Chistus gelehrt hat:

Vaterunser

Aaronitischer Segen[2]

Lied

Du hast uns, Herr, gerufen (EG 168,4-6)

Orgelnachspiel

(Die Gemeinde wird eingeladen, sitzen zu bleiben)

Anmerkungen

1. Gottesdienst zum Buß- und Bettag 1998 in Gustedt.
2. Ein bewegender musikalischer Satz des aaronitischen Segens (»Herr, segne uns und behüte uns«) findet sich in: Neue Gemeindelieder, Wuppertal und Kassel, 5. Auflage 1996, Nr.160.

Gott gab uns Atem – Bewahrung der Schöpfung

Ich erinnere mich an den Gottesdienst[1]:

Die Synodalen trafen sich, um über Probleme der Umwelt zu diskutieren und zu fragen, wie Christen zur Bewahrung der Schöpfung beitragen können.

Als Einstieg unterstreicht ein (vor)witziges Rollenspiel auf andere als die gewohnte Art den Ernst des Themas und löst Nachdenklichkeit aus. Eine Journalistin, ein genervter Pfarrer, eine etwas oberflächliche Gemeindesekretärin und ein sich selbst überschätzender, abgehobener Oberkirchenrat treten auf. Im anschließenden Kyrie werden Gebetsanliegen, die Schuldbekenntnis, Betroffenheit, Ratlosigkeit und Klage enthalten, vor Gott gebracht. Der Kurzpredigt liegen die Verse des Liedes »Gott gab uns Atem« (EG 432) zu Grunde. Jedem Vers folgt eine kritische, über die Alltagssituation hinausweisende Auslegung.

Marianne Fricke

Es ist nicht sehr aufwändig, diese bereits relativ breite Andacht zu einem Gottesdienst auszugestalten, der auf Lesungen aufbaut, die das Thema »Schöpfung« nahe legen.
Als Eingangsgebet hierzu gut geeignet ist zum Beispiel: »Wir danken dir, Gott, für die Farben« (siehe Textanhang).

Begrüßung

Wenn die Andacht zu einem Gottesdienst umgestaltet wird, sollte man auch hier eine kurze zum Thema hinführende Einleitung geben, am besten durch einen aktuellen »Störfall«.

Lied

Gott liebt diese Welt (EG 409, 1+2)

Noch deutlicher wird der Kontrast zwischen der Schönheit der Schöpfung und dem, was wir Menschen daraus machen, wenn zu Beginn das Lied »Nun steht in Laub und Blüten« (EG 641 Regionalteil Niedersachsen und Bremen) gesungen wird.

Interview

Reporterin

(läuft suchend im Altarraum herum, Mikro in der Hand)
Wo sind sie denn alle, die begeisterten Umweltschützer?
Das war doch so ein schööööner Gottesdienst über »Die Erde ist des Herrn«!
Ah, da kommt ja doch einer ... der Pfarrer höchstpersönlich!
Hallo, Herr Pastor! Erlauben Sie eine Frage?!

Pfarrer

(kommt eilig aus der Sakristei gelaufen, Talar über der Schulter)
Was denn?
Ich habe keine Zeit. Ich fahre in Urlaub!

Reporterin

Entschuldigen Sie.
Mein Name ist Ökofriede Meier.
Ich komme von der Sendung »Ökologie rund um den Kirchturm«.
Wir machen gerade eine Umfrage unter kirchlichen Mitarbeitern über ...

Pfarrer

Waren Sie nicht in meinem Gottesdienst?
Lesen Sie meine Predigt, da steht alles drin.
Die Erde ist des Herrn.
Prinzip Verantwortung!
Nicht Haben sondern Sein.
Schöpfung bewahren, kleine Schritte tun ...

Reporterin

Ja, ja, danke, ich habe doch auch Ihre Predigt gehört.
(leise für sich)
Viele Predigten!
(wieder zum Pfarrer)
Aber ich wollte Sie doch nach den Konsequenzen fragen – für Sie persönlich ...

Pfarrer

Konsequenzen! Persönlich! Das ist ja die Höhe!
Was hat das mit mir zu tun, mein schönes Fräulein?
Ich habe das zu predigen und punktum!
Persönliche Konsequenzen,
das klingt ja verdächtig nach ...

Reporterin

Ja, aber irgendwas müssen Sie doch auch persönlich tun?!

Pfarrer

(jovial, herablassend)
Aber ja, mein Fräulein!
mit unverkennbarem Stolz
Ich stelle den Wasserhahn beim Zähneputzen ab. Das spart im Monat einen Eimer Wasser. Habe ein paar Energiesparbirnen gekauft
(Pause)
– ziemlich teuer das Zeug übrigens.
Und ich habe schon drei Hausbesuche mit dem Fahrrad erledigt.
Sie sehen, ich strenge mich an! Persönlich!!

Reporterin

Und weiter?

Pfarrer

Was weiter? Genügt Ihnen das noch immer nicht?
Überhaupt, meine Verehrteste – Ihre Fragerei macht einen ja ganz unruhig.
Ich muss mich erholen von diesen anstrengenden Umwelt-Tagen.
(träumerisch) In Sri Lanka – daaa gibt es noch Ruhe.
Deshalb nichts für ungut, ich muss meinen Flieger noch kriegen.
(geht fröhlich lachend davon)

Reporterin

(bleibt etwas verstört zurück, fasst sich aber gleich wieder)
Sie sehen, meine Damen und Herren: Es tut sich was in der Kirche.
»Die Hoffnung kommt aus der Predigt« oder so ähnlich, habe ich einmal gehört.
Was will man mehr?!
(schaut sich um)
O, das ist wohl die Gemeindesekretärin ...

Gemeindesekretärin

(nähert sich etwas unschlüssig mit Zetteln in der Hand)
Wo soll ich mit den Dingern bloß hin?
Lästig, diese Verteilerei!
(wedelt mit den Blättern, will davongehen)

Reporterin

(hält sie fest)
Halt, halt! Eine Sekunde!
Mein Name ist Ökofriede Meier.
Von der Sendung »Ökologie rund um den Kirchturm«.
Wir machen heute eine Umfrage unter kirchlichen Mitarbeitern über das Thema ...

Gemeindesekretärin

Umfrage?? Wozu denn das schon wieder?
Sagen Sie mir lieber, wie ich diese Zettel loswerden soll!

Reporterin

Was für Zettel?
Ach so, die Umweltaufrufe, die der Pfarrer eben angekündigt hat!
Lassen Sie mal lesen!
(liest) »Gläubige aller Gemeinden, vereinigt Euch!
Die Erde weint.
Steht auf wie ein Mann«.

Gemeindesekretärin

Ist das nicht etwas übertrieben?
Und das soll ich nun verteilen!!

Reporterin

Ja, aber warum denn nicht?
Unsere Sendung »Ökologie rund um den Kirchturm« macht doch gerade eine große Kampagne ...

Gemeindesekretärin

(ungeduldig) Ja, ja: Kampagne!
Das kann ich auch.
Aber mit den Zetteln von Haus zu Haus gehen,
die dummen Sprüche anhören über »Steinzeit nein danke«
– und überhaupt ...

Reporterin

Was ... überhaupt?

Gemeindesekretärin

Ich finde das alles reichlich übertrieben!
Uns geht's doch gut! Es ist alles da, was wir brauchen!
Ich habe gerade gelesen: Das Wasser wird erst 2030 knapp.
(glücklich) 2030! Was für eine lange Zeit!
Und die Kohle reicht noch viel länger.
Und atmen kann man doch immer noch ganz gut.
(atmet tief durch, hustet heftig; dann erleichtert)
O, da, sehen Sie, der Oberkirchenrat.
Dem gebe ich einen Zettel ...
(läuft zu ihm, gibt ihm einen Zettel)

Oberkirchenrat

(kommt würdig daher, etwas ölig)
Nun, meine Liebe, immer eifrig für die Gemeinde tätig.
Das wird sicher an höherer Stelle
(zeigt zum Himmel)
gebührend gewürdigt werden!
(nimmt den Zettel, liest)
Nanu?
Die Erde weint!??
Immer diese Emotionen!
Das muss man doch alles etwas nüchterner, nüchterner ...
(Gemeindesekretärin ab)

Reporterin

Entschuldigen Sie, Herr Oberkirchenrat, dass ich Ihre wertvolle Zeit in Anspruch nehme.
Mein Name ist Ökofriede Meier.
Ich komme von der Sendung »Ökologie rund um den Kirchturm«.
Wir machen gerade eine Umfrage ...

Oberkirchenrat

Umfragen, meine Liebe, Umfragen helfen uns doch nicht weiter.
Resolutionen, Dokumentationen, Denkschriften bewegen die Welt.
Unsere Landeskirche
(richtet sich zu voller Größe auf)
unsere Landeskirche hat da erst kürzlich eine interessante Denkschrift ihrer Umweltsynode veröffentlicht.
Und in der EKD haben wir gerade eine wegweisende Resolution verabschiedet
(reckt sich stolz in Höhe, bedeutsame Pause)
gegen das Ozonloch – in aller Entschiedenheit.

Reporterin

Eindrucksvoll. Immer wieder eindrucksvoll diese Resolutionen, die die Welt verändern.
Aber welche Konsequenzen ...

Oberkirchenrat

Konsequenzen? Gemach, gemach, meine Gnädigste ...

Wie war doch gleich Ihr Name?
Doch nicht gleich Konsequenzen!
Erst müssen wir mal die Probleme bewusst machen.
(verdreht die Augen zum Himmel)
Unser Herr hat die Welt auch nicht an einem Tage geschaffen!

Reporterin

Aber die Befunde sind doch eindeutig, da muss doch etwas geschehen!!

Oberkirchenrat

Befunde, Befunde. Ich bitte Sie.
(in einem gewissen Singsang)
Nehmen Sie doch nur einmal das Ozonloch.
Wer weiß denn schon so genau, woher es kommt?!
Da war doch auch der Bergbau in dieser Region beteiligt – und die Kühe!!
Nein, wir können doch unseren lieben Mitmenschen nicht gleich alle ihre Freiheit beschneiden.
Ihnen ihr Auto und ihre Urlaubsreise vermiesen.
Ihnen womöglich die warme Stube nehmen.
Nein, nein!
Wir müssen noch viel Genaueres wissen über die Zusammenhänge, bevor wir so einschneidend ...

Reporterin

Aber dann ist es doch viel zu spät ...

Oberkirchenrat

Ja, spät ist es in der Tat geworden!
Die Pflicht ruft mich, ich muss weiter.
Ich arbeite gerade an einer Denkschrift gegen Erdbeben.
Berichten Sie doch einmal darüber!

Reporterin

(fasst sich schnell wieder)
Sie sehen, meine Damen und Herren.
Es ist alles in bester Ordnung.

Der Pfarrer predigt – zur Bewahrung der Schöpfung.
Die Mitarbeiter verteilen Zettel – zur Bewahrung der Schöpfung.
Der Oberkirchenrat arbeitet an Denkschriften – zur Bewahr ...
(schaut auf die Uhr)
Oh, wir haben uns verplaudert mit diesem anregenden Thema.
Unsere Sendezeit ist leider zu Ende.
(mit erhobener Stimme) Denn nun beginnt die beliebte Reality-Show »Hochzeit im Weltall«.
(lacht bezaubernd und hell)
Spaß muss sein auf der Titanic, sage ich immer!
Oder sind Sie anderer Meinung?
(geht ab)

Einleitung zum Kyrie

Auf der Orgel wird die Melodie zu EG 178,12 gespielt

Kyrie-Gebet

1. SprecherIn:

Ja, Gott,
die Erde ist dein.
Aber wir benutzen sie rücksichtslos wie einen Steinbruch
oder gierig wie am Wühltisch im Kaufhaus.
Erbarme dich über unsere Habgier!

Alle: *Kyrie EG 178.12*

2. SprecherIn:

Ja, Gott,
du hast uns die Verantwortung für die Erde übergeben.
Aber unsere Abfallhalden wachsen,
manche Bodenschätze werden knapp,
die Luft wird dünn, die Hülle der Erde löchrig.
Erbarme dich über unsere Verantwortungslosigkeit.

Alle: *Kyrie EG 178.12*

1. SprecherIn:

Ja, Gott,
wir erkennen schon längst, was zu tun ist für uns und unsere Kinder.

Unser Wissen über das, was wir anrichten, wächst von Tag zu Tag.
Aber unser Wissen und unser Tun klaffen weit auseinander.
Erbarme dich über unsere Gleichgültigkeit und rüttele uns wach.

Alle: *Kyrie EG 178.12*

2. SprecherIn:

Ja, Gott, du allein bist unser Herr
Und doch beten wir den Fortschritt und das Wachstum an,
vergötzen sie und erwarten von ihnen das Heil.
Erbarme dich über unsere Verblendung
und halt uns in deiner Nähe.

Alle: *Kyrie EG 178.12*

1. SprecherIn:

Ja, Gott,
wir reden über die Umwelt, beteuern unsere guten Absichten,
wir machen große Worte und nur kleine Schritte.
Erbarme dich über unseren Kleinmut
und lass uns unsere Möglichkeiten erkennen.

Alle: *Kyrie EG 178.12*

2. SprecherIn:

Ja, Gott,
und manchmal überkommt uns Angst,
packt uns die Hoffnungslosigkeit vor allen diesen Problemen.
Herr, schenke du uns Hoffnung und Zuversicht!

Alle: *Kyrie EG 178.12*

1. SprecherIn:

Gott, unser Schöpfer und Erhalter,
wir haben dich angerufen in der Gewissheit,
dass du uns hörst
und dass du alle die guten Gaben in uns erwachen lässt,
die uns aus der Sackgasse heraushelfen.
Amen.

Ansprache zu »Gott gab uns Atem«

Alle: (singen Liedvers EG 432, 1)
Gott gab uns Atem, damit wir leben.
Er gab uns Augen, dass wir uns sehn.
Gott hat uns diese Erde gegeben,
dass wir auf ihr die Zeit bestehn.
Gott hat uns diese Erde gegeben,
dass wir auf ihr die Zeit bestehn.

Ansprache Teil 1

Gott gab uns Atem.
Atem zum Leben.
Atem gibt Leben.
Atem *ist* Leben.
Gott will, dass wir leben.
Er gab uns seinen Atem.
Sein Atem, sein Geist wirkt in der Schöpfung,
ist ihre Lebenskraft.
Mit seinem Geist weckt er Leben
– auch unser Leben.

Ja, er will, dass wir leben.
Und deshalb dürfen wir atmen, voll durchatmen,
die Lungen, unsern Körper, unseren Geist füllen mit Leben,
das Leben tief in uns hineinlassen,
uns versorgen mit dem Sauerstoff des Lebens,
bis wir voll sind – mit Dank und Hoffnung.

Leben aufnehmen, Gottes Liebe aufnehmen und weitergeben,
das ist es.
Denn Atmen ist auch Antworten,
Antworten auf Gottes Aufforderung zu leben.
Nicht die Luft anhalten und das Leben für uns behalten.
Atmen ist Auftrag, Leben zu bewahren und weiterzugeben.
Dazu schenkt er uns Atem.

Gott gab uns Augen.
Welch ein Wunder:
nicht ein paar Fotozellen an der Nasenspitze – wie dem Regenwurm,

auch das schon ein Wunder,
sondern Augen, die diese faszinierende Schöpfung vor uns öffnen,
Augen zum Freuen,
Augen auch – ja, die wir niederschlagen dürfen
vor der Majestät des Schöpfers und Herrn.

Aber Augen,
die sich nicht schließen vor der Wirklichkeit.
die nicht die Grenzen des Wachstums geflissentlich übersehen,
die nicht die Endlichkeit der Erde verleugnen,
die nicht wegschauen angesichts der Zerstörung von Mensch und Natur.

Augen, die das Leben suchen,
die kräftig durchatmet sind von Leben,
von Gottes unbändigem Lebenswillen.
Augen, die messen und prüfen können,
die deshalb unerbittlich, ja unerbittlich sehen,
was wir mit unseren Händen tun und antun.
Erleuchtete Augen des Herzens,
Augen der Liebe, der Selbstkritik,
der Verantwortung und der Fantasie,
die hell und dunkel sehen mögen,
Licht und Schatten, Kontrast und Perspektive,
die unsere Lage, unsere Schieflage ins Auge zu fassen wagen,
und die hinausschauen über den begrenzten Horizont,
der durch unsere Anmaßung gezogen wird.

Solche Augen schenkt uns Gott.
Habt ihr's schon bemerkt?

Alle: (singen Liedvers EG 432, 2)
Gott gab uns Ohren, damit wir hören.
Er gab uns Worte, dass wir verstehn.
Gott will nicht diese Erde zerstören.
Er schuf sie gut, er schuf sie schön.
Gott will nicht diese Erde zerstören.
Er schuf sie gut, er schuf sie schön.

Ansprache Teil 2

Gott gab uns Ohren.
Wozu wohl?
Damit wir hören!
Ja, hören – seine Schöpfungswunder,
hören auf die Stimmen der Erde, die er so gut und so schön schuf:
die Singdrossel und die Erdkröte, ja auch sie,
das geheimnisvolle Rauschen eines Fichtenwaldes im Wind.

Aber auch Ohren des Herzens und der Seele,
die Gottes Stimme hören,
die seinen Auftrag verstehen und auf ihn achten,
Ohren, die uns horchen, ge-horchen lehren,
wenn sie vernehmen »Die Erde ist des Herrn«.

Ohren, die sich nicht verstopfen
gegen die Nachricht von der leidenden Schöpfung,
von der sinkenden Lebenschance für Schwestern und Brüder
im Süden und Osten,
von dem Sterben der Arten.

O ja, und Ohren, die Zwischentöne und falsche Töne hören:
Nicht nur »Standort Deutschland«,
sondern auch die Maßlosigkeit, die sich dahinter verbirgt.
die sich nicht durch Lügenworte wie »Entsorgung«, »Chemie-Park«
irreführen lassen.

Ohren, ja, das wünsche ich mir,
die bereit sind, nach innen zu lauschen,
wo die Begehrlichkeit unseres Herzens ihr leises Unwesen treibt,
wo wir die Ausreden drechseln für unser anmaßendes Leben
und wo wir schuldig werden an unseren Kindern.

Ohren auch, die Worte hören und auf Worte warten,
Worte, die Brücken bauen zwischen den Menschen,
Worte, die nicht verletzen wie geworfene Steine,
sondern wärmen und klären wie Sonnenstrahlen.
Worte, die nicht verschleiern, sondern aufdecken,
die nicht flattern wie das Fähnchen im Winde.

Worte, die zuverlässig informieren über unsere Welt,
die Wahrheit sagen, auch über den Preis unseres Wohlstandes,
die sich nicht scheuen, von Bescheidenheit und Verzicht zu reden.

Worte der Liebe, die ermutigen
und die uns endlich auf die richtige Spur setzen.

Alle: (singen Liedvers EG 432, 3)
Gott gab uns Hände, damit wir handeln.
Er gab uns Füße, dass wir fest stehn.
Gott will mit uns die Erde verwandeln.
Wir können neu ins Leben gehn.
Gott will mit uns die Erde verwandeln.
Wir können neu ins Leben gehn.

Ansprache Teil 3

Gott gab uns Hände.
Hände, die nicht im Schoß liegen – es sei denn betend.
Nein, tätige Hände, uns anvertraut als den Fürsorgern der Erde.
Hände, die handeln,
zupackende Hände auch,
und loslassende Hände,
die teilen, Leben austeilen,

die nicht Lebensqualität zwischen den Fingern zerbröseln,
sondern die Schöpfungsqualität bewahren,
die nicht nur die Gegenwart verändern,
sondern die Zukunft schonen,
die umzusetzen wagen, was wir längst wissen,
die das endlich selbst tun, was wir anderen gern vorschreiben.

Gott gab uns Füße.
Füße, die fest stehen,
die Standpunkt und Position halten,
aber die auch losgehen.

Ja, lasst uns losgehen!
Gott will mit uns die Erde verwandeln.
Welch eine Aufgabe!
Treuhänder der Erde, Treuhänder im Auftrag Gottes.
Gott hat uns diese Erde gegeben,
dass wir auf ihr die Zeit bestehn.

Orgelmeditation

Denkbar wären an dieser Stelle auch Textlesungen, z.B. »Schöpfungsgeschichte« oder der »Traum von der Erfüllung der Schöpfung« (siehe Textanhang).

Lied

Lobet und preiset, ihr Völker, den Herrn (EG 337, Kanon)

Gebet[2]

Gott, der du uns Vater und Mutter bist,
ich liebe deine Erde,
mit allem, was auf ihr lebt.
Du hast sie geschaffen,
du hast sie schön gemacht,
mit Bäumen, Blumen, Tieren und mit Menschen.

Gott, wir bitten dich,
bewahre deine gute Ordnung
vor dem zerstörenden Zugriff der Menschen.
Wir vernachlässigen oft die Sorge
um die Erhaltung deines Gartens.
Wir wollen immer mehr ernten
und immer weniger säen.
In Ungeduld beuten wir die Schätze des Bodens aus,
ohne auf Schäden Rücksicht zu nehmen.

Wir bitten dich,
bewahre uns von Achtlosigkeit
und lass uns täglich daran denken,
dass wir uns schuldig machen,
wenn wir nicht umkehren.

Weil wir deine Erde lieben,
wollen wir leben lernen
in Verantwortung für deine gute Schöpfung.
Amen.

Vaterunser

Segen[3]

Es segne euch alle der Gott,
der diese Erde liebt,
der unsere Hände, Füße, Worte
– ja unser Leben braucht,
um sie zu retten.

Lied

Nun steht in Laub und Blüte (EG 641, 3+4 Regionalteil Niedersachsen und Bremen)

Anmerkungen

1. Andacht zur Umweltsynode der Propstei Goslar 1996 in Sehlde.
2. In Anlehnung an ein Gebet aus *Gottesdienstgebete zum Kirchenjahr*, 3. Aufl. 1998, S. 165 formuliert. Auch hier finden sich weitere Beispiele in: Der Gottesdienst. Liturgische Texte in gerechter Sprache, Gütersloh, 1997-1999, etwa »Um deinen Segen bitten wir dich, Gott« (siehe Textanhang).
3. Oder aus *Sybille Fritsch*, Was mich beseelt, TvD Verlag Düsseldorf, S. 95:
   Bleibt lebendig – vom Atem Gottes beseelt
   bestellt seine Erde.
   Bleibt lebendig – von Gottes Kreuz gerichtet
   richtet euch auf.
   Bleibt lebendig – von Gottes Liebe erschaffen
   schafft mit an seinem Reich.

Gewagtes Glück – Trennung und Scheidung

Ich erinnere mich an den Gottesdienst[1]*:*

Die Andacht sollte die Mitglieder der Synode auf das Thema »Trennung und Scheidung« einstimmen. Die Pantomime zu Beginn zeigt »anschaulich«, worum es geht. In fünf Szenen haben zwei Mitarbeiter versucht, den Prozess von Entfremdung und Isolierung darzustellen. Dabei entwickelte die Pantomime in den Proben eine Eigendynamik, die uns auch gefühlsmäßig in das Geschehen hineinzog. Es war, als würden wir diesen Prozess selbst durchmachen; die Rohfassung veränderte sich ständig.

Uns ist bewusst geworden, dass jede Trennung einen kleinen Tod bedeutet, dass hier Trauerarbeit zu leisten ist. Deshalb haben wir als zentrales Element der Kurzandacht die Worte Jesu am Kreuz gewählt. Natürlich sind wir nicht in seiner Situation. Und doch geben seine Worte die elementaren Erfahrungen einer Trennung wieder, die unser seelisches Gleichgewicht aus den Fugen geraten lässt: den Schmerz, die Wut, die Verzweiflung und – hoffentlich – auch den Trost, die Vergebung und die Möglichkeit eines neuen Anfangs. Denn Gott gibt uns nicht auf. In der Aussendung haben wir die Worte Jesu »Was ihr getan habt einem von diesen meinen geringsten Brüdern – und Schwestern , das habt ihr mir getan« (Mt 25,31ff) auf die Situation der Getrenntlebenden und Geschiedenen bezogen, um das Nachdenken darüber zu fördern, was wir für diese Menschen tun können.

Norbert Bengsch

Auch die hier vorliegende Andacht lässt sich leicht zu einem Gottesdienst ausgestalten, der Themen wie Ehe, Partnerschaft, Treue, Konflikt aufgreift. Ob man dann sogleich mit der Tür ins Haus fallen darf, indem man die Pantomimen bringt, wird in jeder Gemeinde anders zu entscheiden sein.

Orgelvorspiel

Begrüßung

Lied

Herr, gib mir Mut zum Brückenbauen (EG 612, 1-5 Regionalteil Niedersachsen und Bremen)

Pantomime

1. Szene: »Erster« Streit

Paar kommt Hand in Hand herein, schaut sich um. Sie zeigen in die Gegend, in unterschiedliche Richtungen. Immer heftiger versuchen die beiden, einander die eigene Richtung aufzudrängen. Gehen in gleicher Richtung ab, aber ohne sich an der Hand zu halten.

2. Szene: Recht haben wollen

Beide kommen gemeinsam herein, diskutieren. Sie stellen sich gegenüber auf und versuchen, den anderen gestenreich auf den jeweils eigenen Platz herüberzuweisen. Schließlich gehen sie zu verschiedenen Seiten ab.

3. Szene: Suchen und nicht mehr finden

Ein Partner kommt herein, ruft. Der andere kommt von der anderen Seite, schaut sich um, ignoriert das Rufen. Der erste Partner ruft fordernder, der andere verstopft sich die Ohren. Der erste Partner gibt auf, wendet sich ab. Nun ruft der andere, doch der erste geht ab.

4. Szene: Ärger, Abwendung

Paar tritt von verschiedenen Seiten auf, beide stutzen, drehen sich ab und holen Stühle. Sie stellen die Stühle Rücken an Rücken auf, setzen sich voneinander abgewendet und blicken in unterschiedliche Richtungen. Nach einiger Zeit stehen sie auf und gehen in die jeweilige Blickrichtung ab.

5. Szene: Isolierung

Die Partner betreten aus unterschiedlichen Richtungen den Raum, gehen aufeinander zu, stoßen aber vor der Begegnung auf unsichtbare Glasscheiben, die sie voneinander trennen. Sie tasten die »Scheiben« ab und stellen fest, dass diese sie von allen Seiten umgeben und auch vom Publikum trennen. Selbst lautes Rufen durchdringt die Scheiben nicht. Zu den anderen Mitwirkenden des Gottesdienstes, die inzwischen von außen an die imaginären Scheiben getreten sind, bekommen sie keinen Kontakt. Schließlich ziehen die beiden sich zurück, kauern sich jede/r in eine Ecke der »Zelle«, die Hände vors Gesicht geschlagen.

Gebet[2]

Das Gebet ist aus der Sicht einer Frau formuliert. Wenn ein Mann es spricht, muss es entsprechend verändert werden

Manchmal
fühle ich mich gescheitert
und manchmal
ist da ganz tief in mir
eine neue Lebendigkeit.
Die Leute wissen nicht,
wie lange ich gezögert habe,
den Trennungsstrich zu ziehen –
aber du weißt es.

Du kennst die Augenblicke,
in denen ich ihm etwas schuldig geblieben bin.
Aber du kennst auch die Grenzen unserer Beziehung.
Du weißt um meine Verletztheit,
du bist ein Gott, der heil macht,
der versteht und verzeiht.
Dafür danke ich dir

Ich bitte dich für meine Kinder.
Für ihren Vater zu bitten, fällt mir schwer,
zu tief sitzt die Kränkung.
Doch manchmal tauchen alte Szenen auf,

dann weiß ich, dass es auch
eine gute Geschichte gab mit uns.

Ich brauche Mut
für meinen neuen Weg.
Manchmal stürzt zu viel auf mich ein
und manchmal fühle ich mich ganz leer.
Doch da wächst auch
eine neue Kraft in mir.
Bleib bei mir, Gott.
Amen.

Lied

Hilf, Herr meines Lebens (EG 419, 1-5)

Abschiednehmen und Loslassen (Jesu Worte am Kreuz)

Im Folgenden haben wir die faszinierende (möglicherweise den einen oder die andere auch schockierende) Anregung aufgenommen, Jesu Worte am Kreuz auf die Trennungssituation zu beziehen. Leider haben wir die Quelle für diese Anregung nicht mehr gefunden. Umso herzlicher danken wir für den Anstoß.

1. SprecherIn:

Was denken und fühlen Menschen, die sich trennen?
Welches Wechselbad der Gefühle machen sie durch?
Und was würde vielleicht Jesus sagen,
er, der den Schmerz des Verlassenseins, der Trennung kannte wie keiner!?

2. SprecherIn:

Blankes Entsetzen befällt Menschen, wenn sie wahrnehmen,
dass die Ehe oder Partnerschaft unrettbar zerstört ist,
wenn sie erfahren, dass ihnen etwas genommen wird,
was wesentlich zu ihnen gehörte.
Auflehnung, Wut, Protest, Aufbäumen gegen das Entsetzliche
oder auch lähmende Erstarrung können die Reaktion sein.
Mein Gott, warum hast du mich verlassen (Mk 15,34)
So schreit Jesus zu Gott.
In dieser Erfahrung des Getroffenseins und Scheiterns ist er unser Bruder.

Er kennt das Entsetzen. Und er darf zu Gott schreien.
Wir auch!

3. SprecherIn:

Wenn sich die erste Erstarrung löst,
empfindet der getrennte Mann, die getrennte Frau
brennenden Schmerz.
Jetzt erst spüren sie, was da aus ihnen herausgerissen ist ...
Was Ganzheit ihres Lebens war, wird zerrissen.
Zurück bleibt eine grausame und gähnende Leere,
die brennt wie quälender Durst.
Mich dürstet (Joh 19,28)
So ruft Jesus, der leidende Gottesknecht, unser Bruder,
der unser Schicksal teilt und es zum Vater trägt.
Dies ist ja eigentlich ein Ruf zu Gott. Er soll Jesu Durst löschen.
Jesus darf so rufen.
Wir auch!

4. SprecherIn:

Nach dem Entsetzen kommt die Zeit des Jammers und des Jammerns.
Angehörigen und Therapeuten klagen die getrennt Lebenden ihren Jammer.
Es ist auch die Zeit der Versprechungen an den Partner, die Partnerin:
»Nie mehr werde ich mich so verhalten wie früher«.
Verhandeln, ja vielleicht sogar vergeben, wird möglich und wird versucht.
Vater, vergibt ihnen, denn sie wissen nicht, was sie tun (Lk 23,34)
Jesus wird aktiv. Noch am Kreuz.
Er betet und handelt nicht für sich,
sondern für uns, die wir uns trennen,
die wir ihn täglich »ans Kreuz bringen«.
In seinem Sterben hilft er uns, zu einem neuen Weg zu kommen,
der nicht um uns selbst kreist,
sondern uns hinführt zu Gott und den Menschen.
So kann das Leiden zum Lieben befreien.
Auch uns!

5. SprecherIn:

Müde vom Weinen beginnen wir loszulassen
und uns in das Unvermeidliche zu fügen.
Wir versuchen, unser Leben auf das hin zu ordnen,
was uns nun erwartet.
Zwar ist unser altes Lebenshaus aus den Fugen geraten;
es beherrschen uns Unsicherheit und Angst vor dem Neuen;
in bodenlose Abgründe der Ungewissheit können wir stürzen –
doch nicht tiefer als in die Hände Gottes, der neues Leben schenkt.
Vater, in deine Hände lege ich meinen Geist (Lk 23,46)
So betet Jesus. Und er legt sein Leben, seinen Tod in die Hand des Vaters.
Das dürfen auch wir.
So kann sich Angst in Vertrauen wandeln.

6. SprecherIn:

Die endlich loslassen können, dürfen aufatmen.
Sie finden Frieden – bei Gott.
Bei Gott sind sie nicht vergessen. Aber ihnen ist vergeben.
Bei Gott sind sie aufgehoben,
eingeschrieben in das Gedächtnis seiner Liebe.
Dahin führt uns Jesus. Er holt uns heim zum Vater.
Amen, ich sage dir, noch heute wirst du mit mir im Paradiese sein (Lk 23,43)
Was wir erlebt und erlitten haben,
ruht in der Hand des väterlichen-mütterlichen Gottes.

Orgelmeditation

Stille

Lied

Bewahre uns, Gott (EG 171, 1-4)[3]

Aussendung

1. SprecherIn:

Wir hören nun Worte, die vor 2000 Jahren geschrieben wurden,
und die doch so klingen, als gälten sie uns.

Vgl. Mt 25,31ff. Es ist faszinierend, wie gut sich dieser Text auf die Situation der Getrenntlebenden und Geschiedenen beziehen lässt – hier als Aufforderung an die anderen, sie nicht allein zu lassen.

2. SprecherIn:

Da wird dann der König sagen zu denen zu seiner Rechten:
Kommt her, ihr Gesegneten meines Vaters,
ererbt das Reich, das euch bereitet ist von Anbeginn der Welt!
Denn ich bin *hungrig* gewesen – nach meiner Trennung –
hungrig nach Gemeinschaft und nach Hoffnung,
und ihr habt mir eure Gegenwart geschenkt.
Ich bin *durstig* nach Antworten gewesen,
und ihr habt mir geduldig eure Zeit und euer Ohr geliehen.
Ich bin ein *Fremder, eine Fremde* gewesen
mitten unter alten Freunden und in meiner alten Wohnung,
und ihr habt mich aufgenommen in euer Haus und euer Herz.
Ich bin *nackt* gewesen vor Scham und Trauer,
und ihr habt mich getröstet und mich bekleidet mit Gottes Liebe.
Ich bin *krank* gewesen von Selbstzweifeln und Selbstvorwürfen,
und ihr habt mich besucht und mir zugehört, zugehört, zugehört.
Ich bin *gefangen* gewesen im Gefängnis meiner Anklagen und meiner Schuldprojektionen,
und ihr seid zu mir gekommen und habt mich befreit.

3. SprecherIn:

Und dann werdet ihr sagen:
Herr, wann bist du *hungrig* gewesen – nach deiner Trennung –
hungrig nach Gemeinschaft und nach Hoffnung
und wir haben dir unsere Gegenwart geschenkt?
Wann warst du *durstig* nach Antworten
und wir haben dir geduldig unsere Zeit und unser Ohr geliehen?
Wann bist du *ein Fremder, eine Fremde* gewesen
mitten unter alten Freunden und in deiner alten Wohnung
und wir haben dich aufgenommen in unser Haus und unser Herz?
Wann bist du *nackt* gewesen vor Scham und Trauer
und wir haben dich getröstet und dich bekleidet mit Gottes Liebe?
Wann bist du *krank* gewesen von Selbstzweifeln und Selbstvorwürfen
und wir haben dich besucht und dir zugehört, zugehört, zugehört?
Wann bist du *gefangen* gewesen im Gefängnis deiner Anklagen

und deiner Schuldprojektionen
und wir sind zu dir gekommen und haben dich befreit?

2. SprecherIn:

Und dann wird euch der König antworten und zu euch sagen:
Wahrlich, ich sage euch:
Was ihr getan habt einem von diesen meinen
verzweifelten Brüdern,
einer von diesen meinen
verzweifelten Schwestern,
das habt ihr mir getan.

Kurze Stille

Segen

Wir gehen nun mit dem Segen des liebenden Gottes.

Der väterliche-mütterliche Gott
sei immer nahe bei euch.
Er zeige euch sein Angesicht in allem,
was euch begegnet auf dem Weg eures Lebens.
Er umarme euch zärtlich in Freude und in Leid.
Und er lasse aus beidem Gutes für euch wachsen.
Er schenke euch ein offenes Herz für alle,
die eure Hilfe brauchen.
Er gebe euch Selbstvertrauen und Mut,
gegen Trennung, Zerstörung und Tod
und für das Leben einzutreten.
Er bewahre euch in aller Gefahr
und lasse euer Leben gelingen.
So segne euch der Vater, der Sohn
und der Heilige Geist.
Amen. (Text von Sabine Naegeli)[4]

Orgelnachspiel

(Die Gemeinde wird eingeladen, sitzen zu bleiben)

Anmerkungen

1. Andacht zur Propsteisynode in Goslar am 19.3.1997. Die Überschrift ist Titel des Buches von *Armin Beuscher / Elisabeth Mackscheidt / Hartmut Miethe* (Hg.), Gewagtes Glück – Reflexionen, Gedichte, Liturgien, Impulse zu Trennung und Scheidung, Niederau 1998. Das Buch ist eine Fundgrube für anregende Texte zu diesem Thema. Es beschäftigt sich auch mit der wichtigen Frage, ob und wie man durch Rituale, Andachten oder Gottesdienste getrennt lebende Menschen begleiten kann.
2. Quelle unbekannt.
   Der in Fußnote 1 zitierte Sammelband bringt eine Vielzahl von bewegenden Gedichten, die sich auch als Gebete sprechen lassen; wir weisen nur hin auf »Wie sind die Tage schwer!« von *Hermann Hesse* und »Veränderung« von *Bettina Wegner* (siehe Textanhang).
3. Es ist ein bemerkenswerter Mangel an Realitätssinn, dass unser Gesangbuch für die Nöte, Ängste und Schuldgefühle der Getrenntlebenden kein Lied bereithält.
   Liturgische Impulse und Gebete hierzu findet man in dem in Fußnote 1 zitierten Sammelband, S.127-172.
4. Aus: Sabine Naegeli, Du hast mein Dunkel geteilt, Verlag Herder, Freiburg 19. Aufl. 2000.

Anhang

Literatur

Fritz Baltruweit / Günter Ruddat, Gemeinde gestaltet Gottesdienst. Arbeitsbuch zur Erneuerten Agende, Gütersloh 1994

Günter Banzhaf / Gottfried Mohr / Andreas Weidle (Hg.), Ich höre das Gras wachsen, Schöpfung wahrnehmen, erleben, feiern, Stuttgart 1999

Manfred Beutel / Carmen Heinze, Gottesdienste kreativ gestalten, Wuppertal und Kassel 2. Aufl. 1998

Barbara Hennig / Sabine Dreßler / Waltraud Liekefett, Und Mirjam nahm die Pauke. Gottesdienste und liturgische Tänze, Offenbach 1998

Willi Hofsümmer, 122 Symbolpredigten durch das Kirchenjahr, Mainz 1992 (dazu inzwischen verschiedene Fortsetzungen)

Heriburg Laarmann, Mit allen Sinnen das Leben feiern. Neue Familiengottesdienste, Freiburg, Basel, Wien 1995

Heriburg Laarmann, Bilder erzählen von Gott. Neue Gottesdienstmodelle, Freiburg, Basel, Wien 3. Aufl. 1996

Heriburg Laarmann, Bunt und schön ist unser Leben. Gottesdienste für Kinder und die ganze Pfarrgemeinde, Freiburg, Basel, Wien 1999

Gabriele Miller / Franz Niehl (Hg.), Von Batseba – und andere Geschichten. Biblische Texte spannend ausgelegt, München 1996

Günther Schardt / Christel Gottwals / Stephan Krebs, Überraschende Gottesdienste erleben, Nidderau 1999

Pierre Stutz, Neue Wortgottesdienste. Leben in Fülle erfahren, Luzern, Stuttgart 1997

Lieder

Lied 1: Einer hat uns angesteckt

2. Wer die Armut kennt, wird im Reichtum leben,
wer von Herzen brennt, kann sich andern geben.
Einer hat uns angesteckt ...

3. Wer betroffen ist, wird das Wort neu sagen,
wer sich selbst vergisst, kann auch Lasten tragen
Einer hat uns angesteckt ...

Text: E. Bücken, Melodie: O.G. Blarr
aus: »Lateinamerikanische Beatmesse«, 1977

Lied 2: Es ist niemand zu groß ...

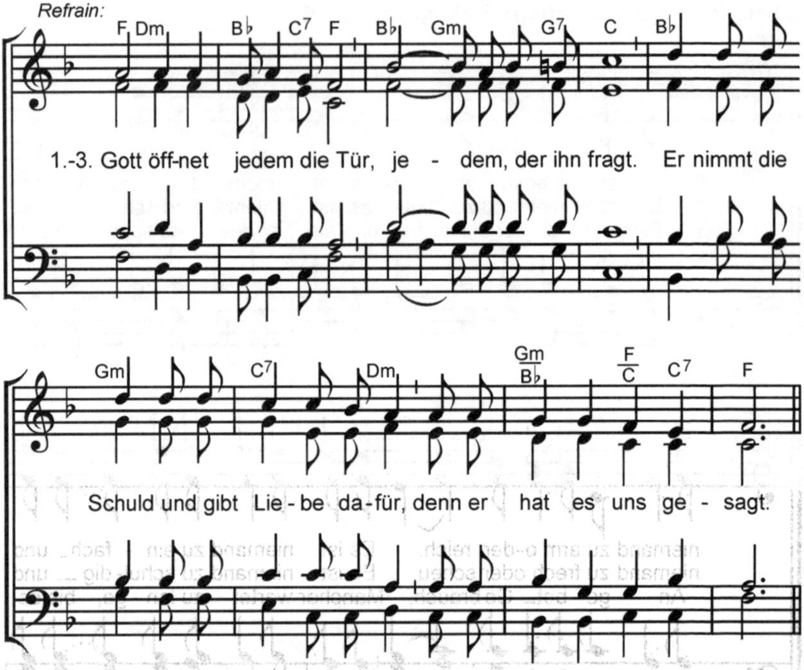

Text und Melodie: Manfred Siebald
Chorsatz: Klaus Heizmann
Aus: »Singt mit uns«

Lied 3: Friede, Friede sei mit dir

2. Nicht jene Stille, die den Tod verkündet, da, wo es früher einmal Leben gab, wo man kein Wort und keine Tat mehr findet: nicht die Stille überm Grab. Friede, Friede …

3. Der tiefe Friede, den wir nicht verstehen, der wie ein Strom in unser Leben fließt, der Wunden heilen kann, die wir nicht sehen, weil es Gottes Friede ist. Friede, Friede …

4. Der Friede Gottes will in dir beginnen, du brauchst nicht lange, bis du es entdeckst: was Gott in dich hineinlegt, bleibt nicht innen – Friede, der nach außen wächst. Friede, Friede …

Text, Melodie und Chorsatz: Manfred Siebald
Aus: »Jesu Name nie verklinget«, Band 4

Lied 4: Herr, füll mich neu

2. Herr, füll mich neu, füll mich neu mit deiner Liebe,
die bei dir bleibt und mit Freuden Lasten träget!
3. Herr, füll mich neu, füll mich neu mit deinem Glauben,
der auf dich schaut und in andern Glauben wecket!
4. Herr, füll mich neu, füll mich neu mit deiner Freude,
die überströmt und in Lob und Preis dich rühmet!

Text und Melodie: Kommunität Gnadenthal
Vereinfachter Satz: Gisela Freiesleben

Lied 5: Komm, heilger Geist

2. Komm, erfülle unsre Herzen. Deine Gaben uns verleih.
   Weck uns auf aus unsrer Trägheit und mach unser Leben neu.

3. Schenke uns von deiner Liebe, die vertraut und die vergibt.
   Alle sprechen eine Sprache, wenn ein Mensch den andern liebt.

Musik: aus Israel
Text: Herkunft unbekannt, 2. Strophe: Renate Schiller

Lied 6: Wohl dem, der nicht wandelt

Text: nach Psalm 1
Melodie und Chorsatz: Peter Strauch
Aus: »Singt mit uns«

Lied 7: Segne uns, o Herr

Text und Melodie: Kommunität Gnadenthal
Satz: Klaus Schweitzer
Aus: »Ich will Dir danken«

Wir haben unser Auskommen

Wir haben so viel, zum Staunen viel.
Wir haben unser Auskommen und oft mehr.
Wir können unser Leben schön machen.
Menschen haben wir, mit denen wir unser Leben teilen können.
Kräfte sind uns gegeben zu sehen, was nötig ist,
zu tun, was hilft.
Tage und Stunden fallen uns zu,
an denen wir uns freuen –
über uns selbst,
über die Freude eines anderen,
über ein geglücktes Wagnis.
Wirklich, wir haben so viel, es ist zum Staunen.
So viel hast du uns geschenkt.
Oft nehmen wir es selbstverständlich hin,
sehen dich nicht dahinter und schreiben vieles uns selbst zu.
Wir bitten dich, vergib.
Lass uns neu werden in dir durch Christus,
dein großes Geschenk an uns.

aus: Agende I, Ergänzungen. Hg. vom Landeskirchenamt der Evangelischen Kirche von Kurhessen-Waldeck, Kassel 1983, 1.2, 18 / leicht zu finden in: Der Gottesdienst. Liturgische Texte in gerechter Sprache, Gütersloh, 1997-1999

Wir danken dir, Gott, für die Farben

Wir danken dir, Gott, für die Farben,
für das Blond und Braun und Schwarz unserer Haare,
das Rot der Himbeeren und
das tausendfache Grün der Blätter,
für die goldene Farbe des Honigs und
das Blau des Himmels.
Dank sei dir, Gott,
für die Vielfalt der Schmetterlinge,
für das Bunte des Lebens
und dass auch wir dazugehören –
in's bunte Bild der Schöpfung.

Annette Armbrüster und Wolfgang Armbrüster

aus: Annette und Wolfgang Armbrüster, Wir bringen die Welt ins Gespräch mit der Liebe. Psalmen, Tagesgebete, Fürbitten, Segen, Gebete für Kinder und andere Texte, Presseverband der Evangelischen Kirche im Rheinland e.V., Düsseldorf 2. Aufl. 1997, S. 197

Schöpfungsgeschichte

Am Ende zerstörte der Mensch die Erde.
Die Erde war schön gewesen,
bis der Geist der Menschen über den Wassern schwebte und alles zerstörte.

Da sprach der Mensch:
Es werde dunkel.
Und sie sahen, dass die Dunkelheit gut war,
und sie nannten sie Sicherheit.
Und sie teilten sich in Rassen, Religionen und Klassen ein.
Und es ward weder Morgen noch Abend:
Der siebte Tag vor jenem letzten Tag.

Und der Mensch sprach:
Es soll Missiles und Bomben geben, um schnell und einfach zu töten. Und es gab Gaskammern und Krematorien,
um die Aufgaben wirksamer zu erfüllen.
Der fünfte Tag vor jenem letzten Tag.

Und der Mensch sprach:
Es seien Drogen und alle Arten von Flucht,
da wir der ständigen Qual der Realität ausweichen müssen,
die unserer Bequemlichkeit im Wege steht.
Der vierte Tag vor jenem letzten Tag.

Und der Mensch sprach:
Es soll Trennungen zwischen Nationen geben,
damit wir wissen, wer unsere Feinde sind.
Der dritte Tag vor jenem letzten Tag.

Und schließlich sprach der Mensch:
Lasset uns Gott machen nach unserem Bild und Gleichnis,
nicht irgendeinen anderen Gott, der uns Konkurrenz macht,
sondern einen Gott, der denkt, wie wir denken,
der hasst, was wir hassen, und der tötet, genauso wie wir töten.
Der zweite Tag vor jenem letzten Tag.

Und der Mensch sprach:
Es werde eine starke Regierung, die über uns regiert in Dunkelheit;
es soll Streitkräfte geben, die einander töten,
es sollen Ordnung und Leistung herrschen in unserer Dunkelheit.
Lasst uns alle vernichten, die uns die Wahrheit sagen.

Und es ward weder Morgen noch Abend:
Der Tag vor jenem letzten Tag.

Und an jenem letzten Tag
gab es eine große Explosion an der Erdoberfläche,
Feuer fegte über die einst schöne Welt, und es ward Stille.
Und Gott, der Herr, sah, was der Mensch getan hatte,
und inmitten der Stille,
die die rauchenden Ruinen der Erde einhüllte,
weinte Gott.

nach Julio Iglesias

Traum von der Erfüllung der Schöpfung

Am Anfang schuf Gott Himmel und Erde.
Aber erst nach vielen Jahrmillionen
hatten die Menschen endlich den Auftrag Gottes begriffen:
»Macht euch die Erde untertan!«
Und sie begannen immer mehr das zu werden,
wozu sie Gott von Anfang an geschaffen hatte:
Sein Ebenbild.

Und so begannen die letzten sieben Jahre der Erde.
Am ersten Tag des ersten Jahres
wurde der Weltfrieden geschaffen.
Denn die Menschen beschlossen,
kein Geld mehr für Krieg und Vernichtungswaffen
auszugeben.
Es gab einen vollkommenen Rüstungsstopp auf der ganzen Erde.
Und die Vernichtungswaffen wurden vernichtet.

Am ersten Tag des zweiten Jahres
wurde die Natur zum zweiten Mal geschaffen.
Die Menschen begannen nämlich mit dem Bau
der letzten Kläranlagen.
Die Umwelt wurde nicht mehr vergiftet.
Flüsse und Meere waren befreit von Müll und Chemikalien.
Fische und Meeresungeheuer tummelten sich wieder im Wasser,
ein jedes nach seiner Art.

Am ersten Tag des dritten Jahres
war es endlich auch eine Lust,
in der Stadt zu leben.

Denn die Menschen hatten das Problem der Luftverschmutzung gelöst.
Bleiwolken und Kohlendioxyddämpfe verschwanden.
Und über der Stadt ging strahlend die Sonne auf.

Am ersten Tag des vierten Jahres
gab es wieder natürliches Leben in der Stadt:
Pflanzen und Tiere.
Denn die Menschen hatten die letzte Grünanlage fertig gestellt.
Kein Wohnviertel ohne Blumen und Bäume,
und die Menschen wurden vom Vogelgezwitscher geweckt.
Und um die Städte wurden ganze Gürtel von Wiesen und Wäldern angelegt.
Niemand mehr musste aus der Stadt flüchten.

Am ersten Tag des fünften Jahres
war es den Ärzten endlich gelungen,
die letzte Krankheit zu besiegen.
Das Durchschnittsalter war 120 Jahre geworden,
und die Menschen konnten
in körperlicher und geistiger Frische
ihre Lebensaufgabe erfüllen.

Am ersten Tag des sechsten Jahres
wurde die Sorge um die Seele
als öffentliche Aufgabe anerkannt.
Denn die Menschen erkannten,
dass der Mensch ohne die Zuneigung und Freundschaft
anderer Menschen
nicht wirklich leben kann.
Von nun an galt für sie:
Erst wenn wir für andere da sind,
leben wir richtig!
Und so wurden die Hungersnöte abgeschafft,
die soziale und politische Unterdrückung, der Rassenhass.
Jeder wusste nun,
dass die Liebe die Grundlage der menschlichen Gesellschaft ist.

Am ersten Tag des siebenten Jahres
war endlich Gottes Schöpfung vollendet.
Und die Menschen ruhten aus
von all dem, was sie im Auftrag Gottes getan hatten.

Und Gott wohnte mitten unter den Menschen,
und sie lobten und priesen ihn,
und sangen ihm ihr Halleluja in Ewigkeit.

aus: P. Karner/E. Fuchs, Texte für grüne Christen, Verlag Herder, Wien 1982

Um deinen Segen bitten wir dich, Gott

Um deinen Segen bitten wir dich, Gott,
wenn wir jetzt nach Hause, in die kommende Woche gehen,
damit wir uns nicht abhängig machen
von dem, was man allgemein so denkt und meint;
damit wir nicht aufgeben, für Gerechtigkeit, Frieden
und die Bewahrung deiner Schöpfung einzutreten.
Um deinen Segen bitten wir dich, Gott,
für alle Menschen, die unter Gewalt, Hunger
und den Folgen von Naturkatastrophen zu leiden haben.
Wir denken heute besonders an ...
Um deinen Segen bitten wir dich, Gott,
für alle, die unter uns als Fremde, als Flüchtlinge leben,
für alle, die krank und alt sind, allein gelassen werden,
für alle, die sich von einem ihnen lieben und wichtigen Menschen
trennen mussten,
kein Gegenüber für ihre Trauer finden:
Wir denken heute besonders an ...
Um deinen Segen bitten wir dich, Gott,
damit wir zum Segen werden können
für die, denen wir begegnen.

Susanne Kahl-Passoth

aus: Gottesdienstpraxis Serie A, V/2, hrsg. von E. Domay, Gütersloh 1989/ leicht zu finden in: Der Gottesdienst. Liturgische Texte in gerechter Sprache, Gütersloh, 1997-1999, Abdruck mit freundlicher Genehmigung der Autorin

Wie sind die Tage schwer!

Wie sind die Tage schwer!
An keinem Feuer kann ich erwarmen,
Keine Sonne lacht mir mehr,
Ist alles leer,
Ist alles kalt und ohne Erbarmen,

Und auch die lieben klaren
Sterne schauen mich trostlos an,
Seit ich im Herzen erfahren,
Dass Liebe sterben kann.

Hermann Hesse

Veränderung

Von wem verabschieden
bei wem ankommen
Wer sollte mich vermissen
ginge ich fort
Wer sollte mich erwarten
käme ich an
Abschied hieße Trauer
Ankunft hieße Neugier
Weder traurig, noch neugierig bin ich
Die Dinge haben sich losgesagt von mir
bevor ich mich von ihnen verabschieden konnte
Sie werden mich nie mehr berühren
wo immer ich ankommen mag

Bettina Wegner

Anschriften der MitarbeiterInnen

Norbert Bengsch
Kirchhofstraße 23 a, 38642 Goslar-Oker
Tel. 05321 61984

Andreas Berndt
Eschenring 17, 38704 Liebenburg-Othfresen
Tel. 05346 4851

Gila Freiesleben
Crusiusstr. 27, 38690 Vienenburg-Immenrode
Tel. 05324 6590

Marianne Fricke
Hinterm Dorfe 15, 38274 Elbe-Gustedt
Tel. 05345 365

Dr. Peter Hennig
Görlitzer Str. 3, 38165 Lehre
Tel. 05308 7367

Gudrun Janz
Wasserstraße 15, 38644 Goslar-Hahndorf
Tel. 05321 81429

Helga Rang
Hirschstr. 4, 38640 Goslar
Tel. 05321 22660

Silke Strube
Kieler Str. 24, 01109 Dresden
Tel. 0351 8021035

Dr. Hans W. Schünemann
Im Beeke 13, 38704 Liebenburg-Upen
Tel. 05341 833003

Karl-Alfred Werner
Schweidnitzer Straße 24, 38644 Goslar-Jerstedt
Tel. 05321 50561